Fälle
Sachenrecht 1
Mobiliarsachenrecht

2018

Oliver Strauch

Rechtsanwalt und Repetitor

ALPMANN UND SCHMIDT Juristische Lehrgänge Verlagsges. mbH & Co. KG
48143 Münster, Alter Fischmarkt 8, 48001 Postfach 1169, Telefon (0251) 98109-0
AS-Online: www.alpmann-schmidt.de

Strauch, Oliver
Fälle
Sachenrecht 1
– Mobiliarsachenrecht –
4. Auflage 2018
ISBN: 978-3-86752-605-0

Verlag Alpmann und Schmidt Juristische Lehrgänge
Verlagsgesellschaft mbH & Co. KG, Münster

Die Vervielfältigung, insbesondere das Fotokopieren,
ist nicht gestattet (§§ 53, 54 UrhG) und strafbar (§ 106 UrhG).
Im Fall der Zuwiderhandlung wird Strafantrag gestellt.

Unterstützen Sie uns bei der Weiterentwicklung unserer Produkte.
Wir freuen uns über Anregungen, Wünsche, Lob oder Kritik an:
feedback@alpmann-schmidt.de

Benutzerhinweise

Die Reihe „Fälle" ermöglicht sowohl den Einstieg als auch die Wiederholung des jeweiligen Rechtsgebiets **anhand von Klausurfällen**. Denn unser Gehirn kann **konkrete Sachverhalte** besser speichern als abstrakte Formeln. Während des Studiums besteht die Gefahr, dass man zu abstrakt lernt, sich verzettelt und letztlich gänzlich den Überblick über das wirklich Wichtige verliert.

Ferner erfordern Prüfungsaufgaben regelmäßig das Lösen von konkreten Fällen. Hier muss dann der Kandidat beweisen, dass er das Erlernte auf den konkreten Fall anwenden kann und die spezifischen Probleme des Falles entdeckt. Außerdem muss er zeigen, dass er die richtige Mischung zwischen Gutachten- und Urteilsstil beherrscht und an den Problemstellen überzeugend argumentieren kann. Diese Fähigkeiten vermittelt Ihnen unser „Basiswissen **Methodik der Fallbearbeitung** – Wie schreibe ich eine Klausur?".

Nutzen Sie die jahrzehntelange Erfahrung unseres Repetitoriums. Seit mehr als 60 Jahren wenden wir konsequent die Fallmethode an. Denn ein **prüfungsorientiertes Lernen** muss „hart am Fall" ansetzen. Schließlich sollen Sie keine Aufsätze oder Dissertationen schreiben, sondern eine überzeugende Lösung des konkret gestellten Falles abgeben. Da wir nicht nur Skripten herausgeben, sondern auch in mündlichen Kursen Studierende ausbilden, wissen wir aus der täglichen Praxis, „wo der Schuh drückt".

Die Lösung der „Fälle" ist kompakt und vermeidet – so wie es in einer Klausurlösung auch sein soll – überflüssigen, dogmatischen „Ballast". Die Lösungen sind komplett **durchgegliedert** und im **Gutachtenstil** ausformuliert, wobei die unproblematischen Stellen unter Beachtung des Urteilsstils kurz ausfallen – so wie es gute Klausurlösungen erfordern.

Beispiele für die Gewichtung der **Punktvergabe** in einer Semesterabschlussklausur finden Sie hier:

goo.gl/uXJx4p   goo.gl/E0KMJX   goo.gl/LmdtkF

Wir vermitteln in der Reihe „Fälle" die Wissensanwendung. Sie **ersetzt nicht die Erarbeitung der gesamten Rechtsmaterie** und ihrer Struktur. Übergreifende Aufbauschemata finden Sie in unseren „Aufbauschemata". Ferner empfehlen wir Ihnen unser „Basiswissen" für den erfolgreichen Start ins jeweilige Rechtsgebiet: verständlich dargestellt und durch zahlreiche Beispiele, Übersichten und Aufbauschemata anschaulich vermittelt. Eine darauf aufbauende Darstellung des Stoffes auf Examensniveau liefern unsere „Skripten". Sofern die RÜ zitiert wird, handelt es sich um unsere Zeitschrift „RechtsprechungsÜbersicht", in der monatlich aktuelle, examensverdächtige Fälle gutachterlich gelöst erscheinen.

Viel Erfolg!

INHALTSVERZEICHNIS

1. Teil: Grundprinzipien des Sachenrechts 1

Fall 1: Das Trennungs- und Abstraktionsprinzip 1

Fall 2: Der sachenrechtliche Bestimmtheitsgrundsatz 6

2. Teil: Die rechtsgeschäftliche Übertragung des Eigentums an beweglichen Sachen durch den Berechtigten, §§ 929 ff. 9

Fall 3: Die Bindungswirkung der dinglichen Einigung im Zeitpunkt der Vollendung des Rechtserwerbs 9

Fall 4: Die Übereignung beweglicher Sachen durch den verfügungsbefugten Eigentümer im Falle der Stellvertretung 12

Fall 5: Die Übergabe nach § 929 S. 1 15

Fall 6: Der Geheißerwerb (Streckengeschäft) 17

Fall 7: Der Wechsel des unmittelbaren Besitzes bei der Übergabe nach § 929 S. 1 21

Fall 8: Die Übereignung beweglicher Sachen durch den nicht verfügungsbefugten (insolventen) Eigentümer 24

Fall 9: Die Übereignung kurzer Hand nach § 929 S. 2 26

Fall 10: Das Übergabesurrogat durch Besitzkonstitut nach § 930 (Grundfall) 29

Fall 11: Das Übergabesurrogat durch Besitzkonstitut nach § 930 beim gesetzlichen Besitzmittlungsverhältnis 31

Fall 12: Das Übergabesurrogat durch Abtretung des Herausgabeanspruchs nach § 931 (Grundfall) 33

3. Teil: Der Erwerb vom Nichtberechtigten sowie der lastenfreie Erwerb 35

Fall 13: Die Übereignung beweglicher Sachen durch den Nichtberechtigten (Grundfall) 35

Fall 14: Die Übereignung beweglicher Sachen durch den Nichtberechtigten im Falle der Stellvertretung 37

Fall 15: Rechtsgeschäft im Sinne eines Verkehrsgeschäfts 40

Fall 16: Der gutgläubige Scheingeheißerwerb nach §§ 929 S. 1, 932 Abs. 1 S. 1 43

Fall 17: Der gutgläubige Erwerb bei Vereinbarung eines Übergabesurrogats nach §§ 929 S. 1, 930, 933 und nach §§ 929 S. 1, 931, 934 (Der Fräsmaschinenfall) 48

Fall 18: Der gutgläubige Erwerb mittels Erbschein, §§ 929 ff., 2366 51

Fall 19: Gutgläubigkeit gemäß § 932 Abs. 2 54

Fall 20: Das Abhandenkommen, § 935 57

Fall 21: Der erweiterte Gutglaubenserwerb nach § 366 Abs. 1 HGB 60

Fall 22: Der Eigentumserwerb an Pfandflaschen 62

I

4. Teil: Das Anwartschaftsrecht an beweglichen Sachen 64

Fall 23: Die Schutzwirkungen des Anwartschaftsrechts, § 161 64

Fall 24: Der Ersterwerb des Anwartschaftsrechts 67

Fall 25: Das Anwartschaftsrecht in der Insolvenz 72

Fall 26: Der gutgläubige Ersterwerb des Anwartschaftsrechts vom
Nichtberechtigten 74

Fall 27: Konkurrenz von Sicherungseigentum und
Vermieterpfandrecht 76

**5. Teil: Der Eigentumserwerb kraft Gesetzes bzw.
kraft Hoheitsaktes** 81

Fall 28: Grundstücksverbindung gemäß § 946 81

Fall 29: Fahrnisverbindung gemäß § 947 85

Fall 30: Vermischung und Vermengung beweglicher Sachen
gemäß § 948 87

Fall 31: Verarbeitung gemäß § 950 89

Fall 32: Speichermedien als „neue Sache" i.S.d. § 950 Abs. 1 BGB 91

Fall 33: Erwerb von Erzeugnissen und sonstigen Bestandteilen
gemäß §§ 953 ff. 94

6. Teil: Eigentümer-Besitzer-Verhältnis; §§ 987 ff. 96

Fall 34: Haftung des unrechtmäßigen Besitzers auf Schadensersatz 96

Fall 35: Zurechnung der Bösgläubigkeit Dritter;
Vorenthaltungsschaden 99

Fall 36: Haftung des „nicht-so-berechtigten" Besitzers/
Fremdbesitzerexzess 105

Fall 37: Haftung des „noch-berechtigten" Besitzers 109

Fall 38: Die Privilegierung nach § 991 Abs. 1 112

Fall 39: Rechtsgrundloser Erwerb, § 988 analog 114

Fall 40: Verwendungsersatz; Sperrwirkung der §§ 994 ff. 117

Stichwortverzeichnis 121

1. Teil: Grundprinzipien des Sachenrechts

Fall 1: Das Trennungs- und Abstraktionsprinzip

E ist Eigentümer eines echten Bildes von Wilhelm Maria Hubertus Leibl, das er fälschlicherweise für eine gelungene Kopie hält. Da E nur an echten Kunstwerken interessiert ist, verkauft und übereignet er mit dieser Vorstellung das Bild für 5.000 € an K, der das Bild ebenfalls für eine Kopie hält. Als K weng später das Bild gutachterlich untersuchen lässt, stellt sich die Echtheit des Bildes heraus. Das Bild ist über 1.000.000 € wert. Nachdem auch E von der Echtheit des Bildes erfahren hat, ficht er alle Rechtsgeschäfte mit K unverzüglich an und verlangt die Herausgabe des Bildes.

Zu Recht?

A. Anspruch aus § 985

E könnte gegen K einen Anspruch auf Herausgabe des Bildes aus § 985 haben.

I. Dazu müsste **E als Anspruchssteller** gemäß § 985 zunächst **Eigentümer** des Bildes sein.

1. Ursprünglich war E Eigentümer des Bildes.

2. E könnte sein Eigentum am Bild gemäß **§ 929 S. 1** an K verloren haben.

a) Dazu müssten sich **E und K** zunächst **über den Eigentumsübergang** am Bild **i.S.d. § 929 S. 1 geeinigt** haben.
Indem E das Bild an K übereignete, haben sich beide über den Eigentumsübergang, also den Eigentumswechsel von E auf K, nach § 929 S. 1 geeinigt.

b) Ferner müsste die **Einigung i.S.d. § 929 S. 1** zwischen E und K auch **wirksam** sein.

E könnte seine im Rahmen der dinglichen Einigung i.S.d. § 929 S. 1 abgegebene Willenserklärung gemäß **§ 142 Abs. 1** wirksam angefochten haben, sodass seine Willenserklärung, und damit die ganze Einigung, von Anfang an **(ex tunc)** nichtig ist.

aa) Eine ausdrückliche **Anfechtungserklärung** des E gegenüber dem richtigen Anfechtungsgegner K nach § 143 Abs. 1 liegt vor.

bb) Ferner müsste auch ein **Anfechtungsgrund** des E bestehen.

Als Anfechtungsgrund kommt ein Eigenschaftsirrtum des E i.S.d. § 119 Abs. 2 in Betracht. Ob jedoch ein Irrtum über eine verkehrswesentliche Eigenschaft i.S.d. § 119 Abs. 2 nur das Verpflichtungsgeschäft betreffen kann, oder ob daneben auch das Verfügungsgeschäft angefochten werden kann, ist umstritten.

(1) Nach einer Ansicht ist eine Anfechtung des Verfügungsgeschäfts nach § 119 Abs. 2 nicht möglich.[1]

Dies wird damit begründet, dass man schließlich den Inhalt eines Verfügungsgeschäfts darauf beschränken müsse, die neue Rechtszuordnung

> **Merke:**
> Für die Formulierung des Obersatzes einer rechtsgeschäftlichen Übereignung von Sachen ist entscheidend, wer an wen nach welcher Vorschrift sein Eigentum verloren haben könnte. Warum oder wodurch dies geschehen ist, ist hierfür nicht maßgeblich!

> Umstritten ist, ob ein Verfügungsgeschäft nach § 119 Abs. 2 wegen eines Irrtums über eine verkehrswesentliche Eigenschaft überhaupt anfechtbar ist.

---

1 Grigoleit AcP 199, 379, 396 ff.; Haferkamp Jura 1998, 511, 513.

1. Teil Grundprinzipien des Sachenrechts

herbeizuführen und den Verfügungsgegenstand und die an der Verfügung beteiligten Personen zu bestimmen, sodass Eigenschaften grundsätzlich für die Verfügungserklärung nicht verkehrswesentlich seien. Dies liege am **Abstraktionsprinzip**, sodass ein Irrtum nach § 119 Abs. 2 nur im Rahmen des Verpflichtungsgeschäfts, i.d.R. aber nicht beim Verfügungsgeschäft, vorliege.

Hiernach wäre eine Anfechtung der im Rahmen der dinglichen Einigung von E abgegebenen Willenserklärung wegen Eigenschaftsirrtums nach § 119 Abs. 2 nicht möglich.

(2) Nach anderer Ansicht ist dagegen auch das Verfügungsgeschäft nach § 119 Abs. 2 anfechtbar.[2]

Dies wird damit begründet, dass grundsätzlich davon auszugehen sei, dass sich der Eigenschaftsirrtum bei Abschluss des Verpflichtungsgeschäfts auch auf das Verfügungsgeschäft erstrecken werde. Meist werde sogar der Abschluss beider Rechtsgeschäfte in einem Willensakt zusammenfallen, sodass es nicht vorstellbar sei, dass im Rahmen der dinglichen Erklärung der zuvor angenommene Irrtum keine Rolle gespielt habe. Wenn der Irrtum über eine verkehrswesentliche Eigenschaft sowohl beim Verpflichtungsgeschäft als auch beim Verfügungsgeschäft gegeben sei, handele es sich um einen Fall der **Fehleridentität**. Bei Vorliegen einer derartigen Fehleridentität stelle eine Anfechtungsmöglichkeit auch des Verfügungsgeschäfts keine Missachtung des Abstraktionsprinzips dar.

Hiernach wäre daher eine Anfechtung der im Rahmen der dinglichen Einigung von E abgegebenen Willenserklärung wegen Eigenschaftsirrtums nach § 119 Abs. 2 möglich.

(3) Da die Ansichten zu unterschiedlichen Ergebnissen kommen, ist eine Streitentscheidung erforderlich. Der zweiten Ansicht ist zu folgen.

Denn falls die mit einer Verfügung gewollte Erfüllung des Kausalgeschäftes sich auf die geschuldete Leistung bezieht (§ 362 Abs. 1 BGB), bestimmt im Fall eines engen zeitlichen Zusammenhangs zwischen Verpflichtungs- und Verfügungsgeschäft der Irrtum über die verkehrswesentlichen Eigenschaften beim Kausalgeschäft auch die nachfolgende Erklärung im Rahmen des Erfüllungsgeschäfts. Das bedeutet, die dingliche Verfügung vollzieht (nur) die gewollte Erfüllung des Kaufvertrages und stellt damit letztlich „die geschuldete Leistung" i.S.d. § 362 Abs. 1 dar.

Hier ging E sowohl bei Abschluss des Kaufvertrages als auch bei der sich anschließenden Übereignung fälschlicherweise davon aus, dass das Bild eine Kopie ist. Mithin irrte er noch bei Abgabe der dinglichen Willenserklärung i.S.d. § 929 S. 1 über die Urheberschaft des Bildes. Selbst wenn die Urheberschaft des Bildes einen wertbildenden Faktor und damit eine verkehrswesentliche Eigenschaft i.S.d. § 119 Abs. 2 (nur) im Rahmen des Verpflichtungsgeschäftes, also im Rahmen des Kaufvertrages nach § 433, darstellen sollte, wirkt der Irrtum aufgrund des engen zeitlichen Zusammenhangs zwischen Verpflichtungs- und Verfügungsgeschäft (Fehleridentität) auch noch beim Verfügungsgeschäft fort.

---

2 Palandt/Ellenberger Überbl vor § 104 Rn. 23; Brox/Walker, BGB AT, Rn. 440, 442; Grundmann JA 1985, 80, 83 ff.

Somit liegt ein Anfechtungsgrund in Form eines Eigenschaftsirrtums des E i.S.d. § 119 Abs. 2 vor.

cc) Des Weiteren ist durch die unverzügliche Anfechtung des E auch die **Anfechtungsfrist** des § 121 Abs. 1 eingehalten.

dd) Zudem liegt mangels Bestätigung des anfechtbaren Rechtsgeschäftes auch **kein Ausschluss** der Anfechtung gemäß § 144 vor.

ee) Folglich ist E gemäß § 142 Abs. 1 aufgrund der wirksamen Anfechtung der dinglichen Willenserklärung **rückwirkend** wieder Eigentümer des Bildes geworden.

Durch die Anfechtung des Verfügungsgeschäfts fällt das Eigentum an den Veräußerer zurück, ohne dass es einer Rückübertragung bedarf.

II. Ferner müsste **K als Anspruchsgegner** gemäß § 985 der **Besitzer** des Bildes sein.

Indem K die unmittelbare Sachherrschaft über das Bild ausübt, ist er **unmittelbarer Besitzer** des Bildes i.S.d. § 854 Abs. 1.

III. Des Weiteren dürfte dem **Anspruchsgegner K kein Recht** zum Besitz i.S.d. § 986 zustehen.

In Betracht kommt der Kaufvertrag zwischen E und K als ein relatives (= obligatorisches) Recht zum Besitz, das nur zwischen den Parteien (*inter partes*) wirkt und den Verkäufer nach § 433 Abs. 1 S. 1 gegenüber dem Käufer zur Übergabe und Übereignung verpflichtet.

Allerdings kann K sich dann nicht auf den Kaufvertrag als relatives Recht zum Besitz gegenüber E berufen, wenn E seine im Rahmen des Kaufvertragsabschlusses abgegebene Willenserklärung rückwirkend nach § 142 Abs. 1 angefochten und damit das Verpflichtungsgeschäft beseitigt hat.

1. Dazu müsste zunächst die **Anfechtung** gegenüber dem richtigen Anfechtungsgegner i.S.d. § 143 Abs. 1 **erklärt** worden sein.

Zwar hat E die Anfechtung gemäß § 143 Abs. 1 gegenüber K erklärt, aber fraglich ist, ob sich diese Erklärung auch auf die im Rahmen des Kaufvertragsabschlusses abgegebene Willenserklärung erstreckt.

Aufgrund des **Abstraktionsprinzips** ist grundsätzlich zwischen dinglichen und schuldrechtlichen Willenserklärungen und damit zwischen den sich daraus ergebenden Rechtsgeschäften zu unterscheiden. Die Anfechtung des einen Rechtsgeschäfts hat daher nicht notwendigerweise auch die Anfechtung des anderen Rechtsgeschäfts zur Folge. Vorliegend ist jedoch zu beachten, dass von einem Rechtsunkundigen die Vornahme einer genauen Differenzierung nicht erwartet werden kann. Vielmehr gebietet eine normative Auslegung, dass im Zweifel alle Rechtsgeschäfte angefochten werden sollen, die zur Erreichung des verfolgten Ziels, hier die Herausgabe des Bildes, angefochten werden müssen.[3]

Eine wirksame Anfechtungserklärung des schuldrechtlichen Verpflichtungsgeschäftes gegenüber dem richtigen Anfechtungsgegner liegt demnach vor.

---

3 Vgl. MüKo/Busche § 143 Rn. 2; Palandt/Ellenberger § 133 Rn. 18.

1. Teil — Grundprinzipien des Sachenrechts

2. Zudem müsste ein **Anfechtungsgrund** vorliegen.

Auch im Zeitpunkt der Abgabe der schuldrechtlichen Willenserklärung hat sich E über die Urheberschaft des Bildes und damit über eine verkehrswesentliche Eigenschaft i.S.d. § 119 Abs. 2 geirrt.
Somit liegt ein Anfechtungsgrund i.S.d. § 119 Abs. 2 vor.

3. Zudem ist die Anfechtung auch unverzüglich und somit innerhalb der **Anfechtungsfrist** des § 121 Abs. 1 erklärt worden.

4. Ferner dürfte die **Anfechtung nicht ausgeschlossen** sein.

Hinsichtlich der Anwendbarkeit der Anfechtungsregeln muss bei Vorliegen eines Anfechtungsgrundes gemäß § 119 Abs. 2 die **Konkurrenz zu anderen Rechtsinstituten** beachtet werden.

a) Die Anfechtung nach § 119 Abs. 2 könnte hier durch den **Vorrang der Mängelgewährleistungsvorschriften** des Kaufrechts gemäß §§ 434 ff. verdrängt werden.
Dies ist dann der Fall, wenn die Mängelgewährleistungsrechte tatbestandlich einschlägig sind und sich der Irrtum des Anfechtenden auf mängelrelevante Umstände bezieht. Dies ergibt sich bei systematischer Auslegung des Gesetzes. Würde man in diesem Fall ein Anfechtungsrecht gemäß § 119 Abs. 2 gewähren, würden damit die gesetzlichen Besonderheiten des Gewährleistungsrechts unterlaufen.[4]
Allerdings regeln die §§ 434 ff. lediglich Rechte des Käufers, sodass eine Konkurrenz zum Anfechtungsrecht des E als Verkäufer nicht in Betracht kommt und damit dessen Anfechtungsrecht auch nicht verdrängen kann.[5]

b) Auch ein Ausschluss der Anfechtung nach § 119 Abs. 2 aus dem Gesichtspunkt der **unzulässigen Rechtsausübung gemäß § 242** scheidet vorliegend aus.
Dies wäre nur dann der Fall gewesen, wenn sich der Verkäufer durch eine Anfechtung des Kaufvertrages nach § 119 Abs. 2 etwaigen Gewährleistungsrechten des Käufers entziehen könnte.[6] Die Geltendmachung von Gewährleistungsrechten seitens des K ist hier aber nicht zu erwarten.

c) Die Anfechtung nach § 119 Abs. 2 könnte aber wegen des Vorrangs der Grundsätze über die **Störung der Geschäftsgrundlage nach § 313** ausgeschlossen sein.[7]
Ob bei einem **Doppelirrtum** – wie hier – ausnahmsweise nach § 313 zu behandeln ist und damit die Anwendung des § 119 Abs. 2 ausgeschlossen ist, ist umstritten.

aa) Einer Ansicht nach ist der Doppelirrtum vorrangig nach den Grundsätzen der Störung der Geschäftsgrundlage (§ 313) zu behandeln. Denn sonst hinge es allein vom Zufall ab, wer die Anfechtung zuerst erkläre und sich somit über § 122 Abs. 1 schadensersatzpflichtig mache.[8]

bb) Einer anderen Ansicht nach schließt ein Doppelirrtum das Anfechtungsrecht nach § 119 Abs. 2 nicht aus. Bei der Irrtumsanfechtung durch eine Partei sei es bedeutungslos, ob auch der Vertragspartner dem gleichen Irrtum unterlegen sei.[9]

---

4 MüKo/Armbrüster § 119 Rn. 29 ff.
5 MüKo/Armbrüster § 119 Rn. 31.
6 BGH NJW 1988, 2597.
7 Vgl. dazu Palandt/Ellenberger § 119 Rn. 30.
8 BGH NJW 1986, 1348, 1349; BGH NJW 2001, 226; Palandt/Ellenberger § 119 Rn. 30.
9 Medicus/Petersen, Bürgerliches Recht, Rn. 162; Medicus/Petersen, BGB AT, Rn. 778; Wieling Jura 2001, 577, 585; Flume JZ 1991, 633, 634.

cc) Die Ansichten kommen zu unterschiedlichen Ergebnissen, sodass eine **Stellungnahme** erforderlich ist. Der zweiten Ansicht ist zu folgen. Denn auch beim Doppelirrtum wird grundsätzlich nur die Partei ihre Willenserklärung wegen Irrtums anfechten, die sich davon einen Vorteil verspricht. Dann ist es aber auch nicht unbillig, wenn diese mit der Schadensersatzpflicht nach § 122 Abs. 1 belastet wird.

Ein Ausschluss des § 119 Abs. 2 wegen Vorrangs der Grundsätze über die Störung der Geschäftsgrundlage nach § 313 liegt daher ebenfalls nicht vor.

5. Folglich ist der Kaufvertrag rückwirkend durch die Anfechtung der im Rahmen des Kaufvertragsabschlusses von E abgegebenen Willenserklärung nach § 142 Abs. 1 beseitigt worden.

IV. Mithin kann daraus kein Recht zum Besitz i.S.d. § 986 begründet bzw. abgeleitet werden, sodass E gegenüber K einen Anspruch auf Herausgabe des Bildes aus § 985 hat.

B. Anspruch aus § 812 Abs. 1 S. 1 Var. 1

E könnte zudem gegenüber K einen Anspruch auf Herausgabe des Bildes aus § 812 Abs. 1 S. 1 Var. 1 haben.

I. Dazu müsste K zunächst **etwas erlangt** haben.
Unter „etwas" i.S.d. § 812 Abs. 1 ist jeder vermögenswerte (rechtliche) Vorteil zu verstehen. K hat als vermögenswerten (rechtlichen) Vorteil den unmittelbaren Besitz am Bild und damit „etwas" i.S.d. § 812 Abs. 1 erlangt.

II. Ferner müsste K diesen Vermögensvorteil auch **durch Leistung des Anspruchstellers** E erlangt haben.
Unter einer Leistung ist bei der Kondiktion des § 812 Abs. 1 S. 1 Var. 1 jede bewusste und zweckgerichtete Mehrung fremden Vermögens zur Erfüllung einer, wenn auch nur vermeintlich bestehenden, Verbindlichkeit zu verstehen.[10]
Hier mehrte E bewusst und zweckgerichtet das Vermögen des K zur Erfüllung seiner Verpflichtung zur Übergabe und Übereignung aus § 433 Abs. 1 S. 1, sodass eine Leistung des E vorliegt.

III. Zudem müsste K den unmittelbaren Besitz am Bild auch **ohne rechtlichen Grund** erlangt haben.
Das ist im Rahmen der allgemeinen Leistungskondiktion nach § 812 Abs. 1 S. 1 Var. 1 der Fall, wenn der mit der Leistung des E bezweckte Erfolg verfehlt wurde. Dies wiederum ist jedenfalls dann der Fall, wenn das der Leistung zugrunde liegende Vertragsverhältnis nicht besteht.
Hier hat E den Kaufvertrag durch die wirksame Anfechtung seiner im Rahmen des Kaufvertragsabschlusses abgegebenen Willenserklärung gemäß § 142 Abs. 1 rückwirkend beseitigt. Mithin gab es auch keine Verbindlichkeit aus diesem Vertrag zu erfüllen, sodass der verfolgte Erfüllungszweck verfehlt worden ist.
Somit hat K den unmittelbaren Besitz am Bild auch ohne rechtlichen Grund erlangt.

IV. Mithin hat E gegenüber K einen Anspruch auf Herausgabe des Bildes aus § 812 Abs. 1 S. 1 Var. 1.

---

10 Palandt/Sprau § 312 Rn. 14.

1. Teil — Grundprinzipien des Sachenrechts

Fall 2: Der sachenrechtliche Bestimmtheitsgrundsatz

Zum Erntedankfest verkauft Bauer V an den Großhändler K 10t Kartoffeln aus seinen beiden Warenlagern, in denen er insgesamt 360t Kartoffeln eingelagert hat. Ferner vereinbaren sie, dass K von V die gesamte Apfelernte kauft; dabei handelt es sich um insgesamt 20t Äpfel. Nach Abschluss der Kaufverträge einigen sich beide über den Eigentumsübergang und auch darüber, dass V die Kartoffeln und die Äpfel bis zum Weiterverkauf durch K an seine Kunden aufbewahren soll. Als einige Tage später K die Ware bei V zum Zwecke des Weiterverkaufs abholen möchte, muss er feststellen, dass V die gesamte Kartoffel- und Apfelernte tags zuvor an den nichtsahnenden D verkauft und übereignet hat. Erbost verlangt K von V die Herausgabe des von D erlangten Erlöses für 10t Kartoffeln und für 20t Äpfel.

Zu Recht?

A. Anspruch aus § 816 Abs. 1 S. 1 (Erlösherausgabe bzgl. Kartoffeln)

K könnte gegenüber V zunächst einen Anspruch auf Herausgabe des Erlöses für 10t **Kartoffeln** aus § 816 Abs. 1 S. 1 haben.

Dann müsste V als Nichtberechtigter über das Eigentum an 10t Kartoffeln verfügt haben und diese Verfügung dem K als Berechtigtem gegenüber wirksam sein.

I. Zunächst müsste V hinsichtlich der 10t Kartoffeln eine Verfügung als Nichtberechtigter getroffen haben.

Eine **Verfügung** ist ein Rechtsgeschäft, das unmittelbar auf die Aufhebung, Übertragung, Belastung oder inhaltliche Veränderung eines bestehenden Rechts gerichtet ist.[11] **Nichtberechtigter** ist, wer weder als Inhaber des Rechts noch aufgrund einer Ermächtigung zur Verfügung über das Recht befugt ist.[12]

Demgemäß müsste V Eigentümer der von ihm an D weiterveräußerten Kartoffeln gewesen ist.

1. Ursprünglich stand das Eigentum an den Kartoffeln dem V zu.
Mit der durch die Ernte verbundenen Trennung vom Grundstück blieb das Eigentum an den Früchten (§ 99) weiter bei V, § 953.

2. Das Eigentum an den 10t Kartoffeln könnte jedoch durch Einigung über den Eigentumsübergang i.S.d. § 929 S. 1 und Vereinbarung eines Besitzkonstituts nach § 930 auf K übergegangen sein.

Dann müssten sich V und K wirksam über den Eigentumsübergang nach § 929 S. 1 geeinigt haben.

Zwar haben sich V und K über den Eigentumsübergang an den Kartoffeln nach § 929 S. 1 geeinigt, die dingliche Einigung ist aber nur wirksam, wenn der **sachenrechtliche Bestimmtheitsgrundsatz** gewahrt wurde.

> Bei der Wirksamkeit der dinglichen Einigung i.S.d. § 929 S. 1 muss der sachenrechtliche Bestimmtheitsgrundsatz beachtet werden.

---

11 Palandt/Sprau § 816 Rn. 4; MüKo/Oechsler § 929 Rn. 22; MüKo/Schwab § 816 Rn. 9.
12 BGH WM 1998, 856; Palandt/Sprau § 816 Rn. 5.

Fall 2: Der sachenrechtliche Bestimmtheitsgrundsatz

Dies ist wiederum dann der Fall, wenn allein unter Zugrundelegung der dinglichen Einigung bestimmt werden kann, an welchen Sachen der Eigentumswechsel eintreten soll.[13] Jeder, der die Vereinbarung kennt, muss also allein dadurch in der Lage sein, die zu übereignenden Sachen durch einfache äußere Merkmale genau zu bestimmen.[14] Diese Bestimmtheit muss **im Zeitpunkt des von den Parteien vorgestellten Rechtserwerbs** gegeben sein.

Vorliegend war im Zeitpunkt der angestrebten Eigentumsübertragung in Form der dinglichen Einigung zwischen V und K und dem Abschluss des Besitzkonstituts in Form eines Verwahrungsvertrages (§§ 688 ff.) nicht klar, an welchen 10t Kartoffeln aus den beiden Warenlagern von insgesamt 360t sich der Eigentumswechsel vollziehen sollte. Es konnte nicht allein aus der dinglichen Einigung abgeleitet werden, an welchen Kartoffeln K Eigentum erwerben sollte.

Mangels wirksamer Einigung zwischen V und K ist V daher Eigentümer der gesamten Kartoffeln geblieben, sodass er nicht als Nichtberechtigter an D verfügt hat.

II. Mithin hat K gegenüber V keinen Anspruch auf Herausgabe des Erlöses für 10t Kartoffeln aus § 816 Abs. 1 S. 1.

B. Anspruch aus § 816 Abs. 1 S. 1 (Erlösherausgabe bzgl. Äpfel)

K könnte jedoch gegenüber V einen Anspruch auf Herausgabe des Erlöses für 20t **Äpfel** aus § 816 Abs. 1 S. 1 haben.

Dann müsste vorliegend V als Nichtberechtigter über das Eigentum an den Äpfeln zugunsten des D verfügt haben und diese Verfügung müsste dem K als Berechtigtem gegenüber wirksam sein.

I. Ursprünglich stand das Eigentum an den Äpfeln dem V zu, sodass er als Berechtigter verfügt hätte.

Allerdings könnte er das Eigentum hieran durch Einigung über den Eigentumsübergang i.S.d. § 929 S. 1 und Vereinbarung eines Besitzkonstituts nach § 930 an K verloren haben.

1. Fraglich ist insoweit, ob die **dingliche Einigung** i.S.d. § 929 S. 1 zwischen V und K dem **sachenrechtlichen Bestimmtheitsgrundsatz** genügt hat.

Hier bezog sich die dingliche Einigung auf die **gesamte Apfelernte** von 20t, sodass im Zeitpunkt der angestrebten Eigentumsübertragung allein anhand der dinglichen Einigung klar war, an welchen Gegenständen sich der Eigentumswechsel vollziehen sollte.[15]

Die dingliche Einigung i.S.d. § 929 S. 1 entspricht demnach dem Bestimmtheitsgrundsatz und ist daher wirksam.

2. Ferner müsste die gesamte Apfelernte gemäß § 929 S. 1 dem K **übergeben** oder zumindest mit ihm ein **Übergabesurrogat** gemäß § 930 bzw. § 931 vereinbart worden sein.

---

13 BGHZ 73, 253, 254; BGH NJW 1979, 976; MüKo/Oechsler § 929 Rn. 6.
14 Palandt/Herrler § 930 Rn. 2.
15 Vgl. dazu BGH NJW 1992, 1161, 1162.

| 1. Teil | Grundprinzipien des Sachenrechts |

Die Übergabe nach § 929 S. 1 ist hier durch die Vereinbarung eines Besitzkonstituts i.S.d. § 930 in Form des von beiden geschlossenen Verwahrungsvertrages gemäß § 688 ersetzt worden.

Folglich hat K zwar keinen unmittelbaren Besitz i.S.v. § 854 oder § 855 erlangt, sodass ihm die Apfelernte auch nicht gemäß § 929 S. 1 übergeben wurde, aber aufgrund des Verwahrungsverhältnisses erlangte er hier den mittelbaren Besitz an der Apfelernte i.S.v. § 868.

Mithin haben V und K gemäß §§ 929 S. 1, 930 ein Übergabesurrogat vereinbart.

3. Ferner müsste V zum Zeitpunkt der Vereinbarung des Besitzkonstituts zur Eigentumsübertragung **berechtigt** gewesen sein.

Merke: Es kommt für die **Berechtigung** grundsätzlich auf den Zeitpunkt des Vollrechtserwerbers, also auf den Zeitpunkt der Übergabe bzw. der Vereinbarung des Übergabesurrogats, an.

Zur Eigentumsübertragung ist nur der verfügungsbefugte Eigentümer oder der verfügungsbefugte Nichteigentümer, der vom wahren Rechtsinhaber zur Verfügung gemäß § 185 Abs. 1 ermächtigt oder aber gesetzlich verfügungsbefugt ist, berechtigt.[16]

Als verfügungsbefugter Eigentümer der Äpfel hat V als Berechtigter das Eigentum an K übertragen und folglich ist K Eigentümer der Äpfel geworden, sodass V bei der Veräußerung der Äpfel an D als Nichtberechtigter gehandelt hat.

II. Des Weiteren müsste diese **Verfügung dem K gegenüber wirksam** sein.

Dies ist dann der Fall, wenn D das Eigentum an den Äpfeln wirksam von V erworben hat. Wie zuvor bereits festgestellt, hatte V jedoch sein Eigentum an den Äpfeln bereits an K verloren, als er erneut über das Eigentum an den Äpfeln zugunsten des D verfügte. Das bedeutet, dass D allenfalls gutgläubig das Eigentum vom Nichtberechtigten V nach **§§ 929 S. 1, 932 Abs. 1 S. 1** erworben haben könnte.

1. V hat das Eigentum an den Äpfeln im Wege eines **Rechtsgeschäftes im Sinne eines Verkehrsgeschäfts** auf D übertragen.

2. Ferner hat V dem D die Äpfel auch gemäß § 929 S. 1 übergeben, sodass der nach § 932 Abs. 1 S. 1 erforderliche **Rechtsschein des Besitzes**, die Übergabe, vorliegt.

3. Zudem war der nichtsahnende D auch **gutgläubig** i.S.d. § 932 Abs. 2.

4. Des Weiteren waren die Äpfel auch **nicht** i.S.d. § 935 **abhandengekommen**.

Folglich hat D das Eigentum nach §§ 929 S. 1, 932 Abs. 1 S. 1 gutgläubig vom Nichtberechtigten V erlangt und die Verfügung des V zugunsten des D ist auch dem K gegenüber wirksam.

III. Somit hat K gegenüber V einen Anspruch auf Herausgabe des Erlöses für 20t **Äpfel** aus § 816 Abs. 1 S. 1.

---

16 BGH NJW 2004, 365; Palandt/Herrler vor § 929 Rn. 4 ff.; MüKo/Oechsler § 929 Rn. 43 ff.; Habersack Ex-Rep Sachenrecht Rn. 140.

2. Teil: Die rechtsgeschäftliche Übertragung des Eigentums an beweglichen Sachen durch den Berechtigten, §§ 929 ff.

Fall 3: **Die Bindungswirkung der dinglichen Einigung im Zeitpunkt der Vollendung des Rechtserwerbs**

Großbauer G verkauft dem Lebensmittelhändler L eine halbe Tonne getrocknete Aprikosen, die er bei seinem Freund F eingelagert hat. Da G davon ausgeht, dass L liquide ist, vereinbart er mit diesem, dass das Eigentum auf ihn übergehen soll, wenn die Aprikosen abgeholt werden. Tags darauf erfährt G, dass L mittlerweile kurz vor der Insolvenz steht. Umgehend ruft er bei F an und teilt ihm mit, dass die Aprikosen nicht an L ausgehändigt werden sollen, bevor dieser nicht den Kaufpreis zahlt. Als L bei F eintrifft, um die Ware abzuholen, ist F gerade im Stress und denkt nicht mehr an das Telefonat mit G. L lädt die Ware mit Einverständnis des F in seinen Transporter und fährt davon, ohne zu bezahlen.

Kann G von L die Herausgabe der Aprikosen verlangen?

A. Anspruch aus § 985

G könnte gegen L einen Anspruch auf Herausgabe der Aprikosen aus § 985 haben.

Dann müsste G als Anspruchssteller Eigentümer und L als Anspruchsgegner besitzrechtsloser Besitzer der Aprikosen sein.

I. Ursprünglich war G **Eigentümer** der Aprikosen.

1. G könnte das Eigentum daran jedoch gemäß § 929 S. 1 an L verloren haben. Dies ist der Fall, wenn G die Aprikosen wirksam an L übereignet hat.

G und L haben sich zunächst **nach § 929 S. 1** wirksam über den Übergang des Eigentums von G auf L **geeinigt**.
Jedoch muss bei einer der Übergabe vorausgehenden, sog. **antizipierten Einigung**, die Einigung im Zeitpunkt der Übergabe noch fortbestehen.[17]
G könnte die Einigung widerrufen haben. Indem G den F vor der Übergabe angerufen und ihm deutlich gemacht hat, dass er dem L das Eigentum nicht übertragen möchte, bevor dieser nicht den Kaufpreis zahlt, erklärte er ausdrücklich, dass er an der ursprünglichen unbedingten Einigung nicht festhalten will.

Fraglich ist insofern, ob G überhaupt noch an die ursprüngliche Einigung gebunden ist.

a) **Einer Ansicht nach ist die einmal erklärte Einigung grundsätzlich auch vor Übergabe der Sache schon bindend.**[18] Eine Ausnahme von dem Grundsatz, dass eine Bindung an eine Willenserklärung gegeben ist, wenn nicht ein rechtzeitiger Widerruf erfolgt, hätte hiernach als Abweichung von einem allgemeinen Prinzip des BGB einer ausdrücklichen Regelung bedurft, was jedoch nicht der Fall sei. Dieser Ansicht nach wäre G an

---

17 BGH NJW 1976, 1539, 1540; Palandt/Herrler § 929 Rn. 9.
18 Wank/Kamanabrou Jura 2000, 154, 158; Otte Jura 1993, 643, 645 ff.

die dingliche Einigung mit L gebunden und demnach wäre ein Einigsein im Zeitpunkt der Übergabe gegeben.

b) Nach anderer Ansicht ist aus dem Umkehrschluss zu § 873 Abs. 2 und § 956 Abs. 1 S. 2, wonach ausnahmsweise eine Bindung an die Einigung und damit eine Unwiderruflichkeit besteht, zu folgern, dass die dinglichen Einigungserklärungen bis zur Vollendung des Rechtserwerbs durch die Übergabe grundsätzlich frei widerruflich sind.[19] Hierfür spreche insbesondere der Wortlaut des § 929 S. 1, wonach zum Zeitpunkt der Übergabe aktuell die Einigung vorliegen müsse. Wenn die Einigung im Zeitpunkt der Übergabe aber bestehen müsse, so müsse diese bis zum Zeitpunkt der Übergabe auch wieder beseitigt werden können.

Hiernach konnte G seine dingliche Einigungserklärung bis zur Übergabe der Aprikosen an L widerrufen und wäre daher im Falle des Widerrufs nicht an die ursprüngliche Einigung gebunden.

Fraglich ist insofern, ob G vorliegend die Einigung auch tatsächlich wirksam widerrufen hat. Das ist nach § 130 Abs. 1 S. 2 nur dann der Fall, wenn der Widerruf dem „anderen" i.S.d. § 130 Abs. 1 S. 1, also dem Anspruchsgegner zugeht. Hier hat G aber lediglich seinem Freund F mitgeteilt, dass er an der unbedingten dinglichen Einigung mit L nicht mehr festhalten wolle. L gegenüber ist eine solche Erklärung nicht abgegeben worden. Auch war der F kein Empfangsvertreter des L i.S.d. § 164 Abs. 3.

Folglich hat G die dingliche Einigung nicht wirksam widerrufen, sodass es einer Streitentscheidung nicht bedarf.

Mithin ist G an die ursprüngliche Einigung gebunden.

2. Ferner müsste G die Aprikosen an L gemäß § 929 S. 1 **übergeben** haben.

a) Dazu müsste **L als Erwerber zunächst den Besitz an den Aprikosen erlangt** haben. L könnte nach § 854 Abs. 1 den unmittelbaren Besitz an den Aprikosen erlangt haben.

Der in § 854 Abs. 1 verwandte Ausdruck der tatsächlichen Gewalt ist gleichbedeutend mit der Bezeichnung der tatsächlichen Sachherrschaft über die Sache.[20] Der Begriff der tatsächlichen Sachherrschaft kann bestimmt werden als eine von einem natürlichen Besitzwillen getragene tatsächliche Machtbeziehung einer Person zu einer Sache.[21] In dem Moment, in dem L die Aprikosen in seinen Transporter verlud, begründete er ein tatsächliches Herrschaftsverhältnis über die Aprikosen und begründet damit die tatsächliche Sachherrschaft gemäß § 854 Abs. 1.

b) Dies müsste auch **auf Veranlassung des Veräußerers G** geschehen sein. Zwar wollte G zwischenzeitlich nicht mehr den Besitz auf L übertragen, bevor dieser den Kaufpreis nicht gezahlt hat. Allerdings ist das Einverständnis des F als Besitzmittler des G nach § 868, der die Aprikosen für G aufgrund des zwischen den beiden nach § 688 geschlossenen Verwahrungsvertrages eingelagert hat, diesem letztlich wegen der von G geschaf-

---

Voraussetzungen der Übergabe i.S.d. § 929 S. 1:
1. Besitzerwerb auf Erwerberseite
2. auf Veranlassung des Veräußerers zum Zwecke des Eigentumserwerbs
3. keine besitzrechtliche Position mehr auf Veräußererseite
4. Str., ob ein Wechsel im unmittelbaren Besitz erfolgen muss

---

19 BGH NJW 1979, 213, 214; Staudinger/Wiegand § 929 Rn. 84; Martinek/Roerborn JuS 1994, 473, 477; Baur/Stürner, Sachenrecht 1, § 5 Rn. 36.
20 BGHZ 57, 166, 168; MüKo/Joost, § 854 Rn. 3.
21 Palandt/Herrler § 854 Rn. 3 ff.

Fall 3: Bindungswirkung der dingl. Einigung im Zpnkt. d. Vollendung d. Rechtserwerbs

fenen Missbrauchsgefahr zuzurechnen,[22] sodass der Besitzerwerb aufseiten des Erwerbers L hier auf Veranlassung des G geschehen ist.

c) Zudem hat G keinerlei besitzrechtliche Position mehr an den Aprikosen.

d) Weiterhin ist auch der unmittelbare Besitz von F auf L übergegangen, sodass hier dahinstehen kann, ob der unmittelbare Besitz für eine vollendete Übergabe i.S.d. § 929 S. 1 auch tatsächlich wechseln muss.

Ob für eine Übergabe nach § 929 S. 1 ein Wechsel des unmittelbaren Besitzes stattfinden muss, ist streitig *(vgl. Fall 7)*.

Mithin sind die Aprikosen von G an L gemäß § 929 S. 1 übergeben worden

3. Ferner müsste G zum Zeitpunkt der Übergabe zur Eigentumsübertragung **berechtigt** gewesen sein.

Zur Eigentumsübertragung ist nur der verfügungsbefugte Eigentümer oder der verfügungsbefugte Nichteigentümer, der vom wahren Rechtsinhaber zur Verfügung gemäß § 185 Abs. 1 ermächtigt oder aber gesetzlich verfügungsbefugt ist, berechtigt.[23]

Als verfügungsbefugter Eigentümer war G berechtigt, das Eigentum an den Aprikosen zu übertragen.

II. Somit ist L Eigentümer der getrockneten Aprikosen geworden, sodass G gegenüber L keinen Anspruch auf Herausgabe der Aprikosen aus § 985 hat.

B. Anspruch aus § 812 Abs. 1 S. 1 Var. 1

G könnte gegen L aber einen Anspruch auf Herausgabe der Aprikosen aus § 812 Abs. 1 S. 1 Var. 1 haben.

Dann müsste der Anspruchsgegner L durch die Leistung des Anspruchstellers G etwas ohne Rechtsgrund erlangt haben.

I. L hat als vermögenswerten (rechtlichen) Vorteil Eigentum und Besitz an den Aprikosen und damit **„etwas"** i.S.d. § 812 **durch Leistung** des G **erlangt**. Der Leistungszweck des G war die vermeintliche Verbindlichkeit aus dem Kaufvertrag, also die Verpflichtung zur Übergabe und Übereignung nach § 433 Abs. 1 S. 1, die er gemäß § 362 Abs. 1 zu erfüllen versuchte. Dabei handelt es sich hier um einen sog. „einheitlichen Bereicherungsvorgang",[24] da das Vermögen des F als zwischengeschaltete Person nicht betroffen ist. Dessen Herausgabehandlung ist demgemäß als Leistung des G anzusehen, sodass G einen Herausgabeanspruch gegenüber dem Bereicherungsempfänger L geltend machen kann, wenn dieser Eigentum und Besitz an den Aprikosen ohne Rechtsgrund erlangt hat.

II. Jedoch ist der Leistungszweck, also die Erfüllung der Pflicht aus dem mit L wirksam geschlossenen Kaufvertrag nach § 433 Abs. 1 S. 1, eingetreten, sodass L Eigentum und Besitz an den Aprikosen **mit Rechtsgrund** erlangt hat.

III. Somit hat G gegenüber L keinen Anspruch auf Herausgabe der Aprikosen aus § 812 Abs. 1 S. 1 Var. 1.

---

22 Vgl. Canaris, Die Vertrauenshaftung im deutschen Privatrecht, 1971, S. 471 f.; Rebe, AcP 173, 186, 200 f.; Neuner JuS 2007, 401, 404.

23 BGH NJW 2004, 365; Palandt/Herrler vor § 929 Rn. 4 ff.; MüKo/Oechsler § 929 Rn. 43 ff.; Habersack Ex-Rep Sachenrecht Rn. 140.

24 Vgl. Palandt/Sprau § 812 Rn. 55.

2. Teil Rechtsgeschäftl. Übertragung des Eigentums an bewegl. Sachen durch d. Berechtigten

Fall 4: Die Übereignung beweglicher Sachen durch den verfügungsbefugten Eigentümer im Falle der Stellvertretung

Der überall bekannte, sehr geschätzte und über die Maßen vermögende Künstler F sieht im Schaufenster des Antiquitätenhändlers A einen sehr exklusiven Bilderrahmen, den er für sein neustes Werk brauchen könnte. Da allerdings kein Preisschild am Rahmen angebracht ist und er befürchtet, A könnte seine Popularität ausnutzen und einen überhöhten Preis fordern, bittet er seine Schwester S, den Rahmen zu erwerben. S schließt daraufhin mit A einen Kaufvertrag, ohne jedoch auf ihre Absprachen mit F zu verweisen. Sie bezahlt von dem von F zur Verfügung gestellten Geld die ausgehandelte Summe von 200 € an Ort und Stelle und nimmt den Rahmen mit nach Hause. Als sie am nächsten Tag diesen zu F transportiert, wird sie vom leicht alkoholisierten Autofahrer X überfahren. S kommt zwar mit schweren Verletzungen davon, jedoch wird der Bilderrahmen komplett zerstört. F möchte den von ihm erlittenen Schaden von X ersetzt haben. Zu Recht?

F könnte gegen X einen Anspruch auf Ersatz des durch die Zerstörung des Bilderrahmens entstandenen Schadens aus **§ 823 Abs. 1** haben.

I. Dazu müsste der **haftungsbegründende Tatbestand** erfüllt sein.

1. Hierfür müsste zunächst eine **Rechts(gut)verletzung** vorliegen.
Die Zerstörung des Bilderrahmens könnte eine **Eigentumsverletzung** in Form einer Substanzverletzung darstellen. Dann läge eine Verletzung des deliktisch geschützten Eigentums i.S.v. § 903 und damit eine Rechtsverletzung vor.

Fraglich ist, ob der Bilderrahmen zum Zeitpunkt seiner Zerstörung Eigentum des F war.

F könnte im Zeitpunkt der Entgegennahme des Rahmens durch S von A nach § 929 S. 1 das Eigentum am Bilderrahmen erworben haben.

Eine Stellvertretung nach §§ 164 ff. ist – wie bei allen Willenserklärungen – bei der dinglichen Einigung nach § 929 S. 1 möglich.[25]

a) Dazu müssten sich Veräußerer und Erwerber über den Eigentumswechsel an dem Bilderrahmen **gemäß § 929 S. 1** geeinigt haben.
Zwar haben sich F und A nicht direkt über den Eigentumsübergang am Bilderrahmen geeinigt, aber S und A haben sich dinglich über den Eigentumsübergang daran geeinigt.
Die Willenserklärung der S und damit die dingliche Einigung insgesamt könnte allerdings nach § 164 Abs. 1 S. 1 und Abs. 3 für und gegen F wirken, wenn S den F wirksam vertreten hat. Dazu müsste S eine eigene Willenserklärung im Namen des F mit Vertretungsmacht abgegeben haben, § 164 Abs. 1 S. 1.

aa) S hat eine **eigene**, selbst formulierte **Willenserklärung** abgegeben. Aus der Sicht des A ist sie nicht als Bote einer Erklärung des F erschienen.

bb) Fraglich ist jedoch, ob S auch **in fremdem Namen** gehandelt hat.

---

25   BGH NJW 2016, 1887, 1888; Palandt/Herrler § 929 Rn. 23.

(1) Als Vertreterin hätte S dafür ihren Fremdwirkungswillen äußern müssen, um dem **Offenkundigkeitsprinzip** gerecht zu werden.[26] Vorliegend handelte S aber weder ausdrücklich noch konkludent im Namen des F. Für den A war gerade nicht offenkundig, dass die Übereignung an einen anderen als die tatsächlich Handelnde S erfolgen sollte. Die Voraussetzungen einer wirksamen Stellvertretung lägen demnach nicht vor, sodass eine Zurechnung der dinglichen Einigung über § 164 Abs. 1 S. 1 nicht möglich wäre.

(2) Ausnahmsweise kann aber auf die Offenkundigkeit des Vertretungsverhältnisses verzichtet werden. Ein nach nahezu einheiliger Ansicht[27] anerkannter Ausnahmefall ist das **Geschäft für den, den es angeht**. Ein solches Geschäft ist dadurch gekennzeichnet, dass der handelnde Bevollmächtigte nicht zu erkennen gibt, ob er für sich oder einen anderen handelt, aber für einen anderen aufgrund einer erteilten Vollmacht handeln will und es dem Geschäftsgegner gleichgültig ist, wer sein Vertragspartner wird.[28] Anerkannt ist dieses durch teleologische Reduktion des Offenkundigkeitsgrundsatzes (§ 164 Abs. 2) entwickelte Rechtsinstitut, insbesondere bei **Bargeschäften des täglichen Lebens** und zwar vor allem beim dinglichen Rechtserwerb.[29] Für wen eine Übereignungsofferte „an den, den es angeht" angenommen werden soll, bestimmt sich hierbei allein nach dem Willen des Empfängers der Erklärung.[30] Es soll also dann das Eigentum von dem erlangt werden, für den der konkret Handelnde es erwerben will.

A kann es, nachdem er den Kaufpreis von S erlangt hat, gleichgültig sein, ob S selbst das Eigentum an der Sache erhalten soll oder ein anderer. Weiterhin handelt S mit dem Willen, den Rahmen für den F zu erwerben. In Durchbrechung des Offenkundigkeitsprinzips ist also eine Zurechnung zugunsten von F nach den §§ 164 ff. möglich.

cc) Aufgrund der ihr von F erteilten Vollmacht i.S.d. § 166 Abs. 2 handelte S auch **mit Vertretungsmacht**.

Die dingliche Einigung zwischen S und A wirkt demnach gemäß § 164 Abs. 1 S. 1 und Abs. 3 für und gegen F.

b) Ferner müsste A die Sache an F **gemäß § 929 S. 1 übergeben** haben. Dazu müsste der Erwerber den Besitz an der Sache auf Veranlassung des Veräußerers zum Zwecke des Eigentumserwerbs erlangt haben und der Veräußerer müsste jede besitzrechtliche Position verloren haben.

Umstritten ist, ob darüber hinaus ein Wechsel des unmittelbaren Besitzes erforderlich ist.

aa) Der Erwerber F könnte den unmittelbaren Besitz an dem Rahmen erlangt haben. Besitz stellt jedoch keine Willenserklärung, sondern einen Realakt dar, sodass für den Besitzerwerb die Stellvertretungsregeln

Stellvertretung ist aber bei Realakten – also auch bei Besitzerwerb – mangels Vorliegen einer Willenserklärung nicht möglich; insoweit muss auf die §§ 854 ff. zurückgegriffen werden.[31]

---

26 Palandt/Ellenberger § 164 Rn. 1.

27 RGZ 100, 190, 192 f.; 109, 167, 169 f.; 140, 223, 229; BGH NJW 2016, 1887, 1888; Staudinger/Wiegand § 929 Rn. 39 Medicus/Petersen, BGB AT, Rn. 920; Einsele JZ 1990, 1005, 1008 f. *(a.A. vertretbar; vgl. dazu AS-Fälle BGB AT [2018], Fall 15)*.

28 BGHZ 154, 276, 279; BGH NJW 2016, 1887, 1888.

29 BGHZ 154, 276, 279; BGH NJW 2016, 1887, 1888.

30 RGZ 140, 223, 229 f.; BGH NJW 2016, 1887, 1888.

31 Palandt/Ellenberger Einf. v. § 164 Rn. 3.

(§§ 164 ff.) nicht eingreifen. Mithin ist auch eine Zurechnung des unmittelbaren Besitzes der S nicht über die Stellvertretungsregeln möglich. Für den Eigentumserwerb nach § 929 S. 1 ist es aber auch **nicht erforderlich, dass der Erwerber unmittelbarer Besitzer** wird. Vielmehr ist **ausreichend**, wenn **der Erwerber mittelbaren Besitz erlangt**, sofern der Veräußerer nicht Besitzmittler ist, weil dann § 930 gelten würde.[32]

Indem es zwischen F und S zum Abschluss eines wirksamen Auftragsverhältnisses nach § 662 gekommen ist, bestand zwischen beiden ein wirksames Besitzmittlungsverhältnis nach § 868. Aufgrund des Auftrags stand F gemäß § 667 gegenüber S ein Herausgabeanspruch zu; zudem handelte S auch mit dem nach § 868 erforderlichen Fremdbesitzerwillen.

bb) Der Besitzerwerb auf Erwerberseite bei F erfolgte auch **auf Veranlassung des Veräußerers** A, der den Bilderrahmen selbst an S herausgab.

cc) Ferner hat der Veräußerer A nun **keine besitzrechtliche Position mehr** an dem Bilderrahmen.

dd) Ob darüber hinaus für eine Übergabe nach § 929 S. 1 ein **Wechsel im unmittelbaren Besitz** erforderlich ist *(vgl. Fall 7)*, kann hier dahinstehen, da der unmittelbare Besitz an dem Bilderrahmen von A auf S gewechselt ist. S ist insoweit nur die Besitzmittlerin des F nach § 868.

Somit ist F die Sache von A i.S.d. § 929 S. 1 übergeben worden.

c) Ferner war A als verfügungsbefugter Eigentümer auch **berechtigt**, das Eigentum am Bilderrahmen auf F zu übertragen.

F ist folglich bereits mit der Entgegennahme des Rahmens durch seine Vertreterin und Besitzmittlerin S Eigentümer geworden. Somit liegt infolge der kausalen Verletzungshandlung durch den X eine Eigentumsverletzung zulasten des F nach § 823 Abs. 1 vor.

2. Dies war mangels eines Rechtfertigungsgrundes auch **rechtswidrig**.

3. Auch hat X **schuldhaft** gehandelt; insbesondere war er trotz seiner leichten Alkoholisierung verschuldensfähig i.S.v. § 827 und hat zumindest fahrlässig i.S.d. § 276 Abs. 2 gehandelt.

II. Folglich ist X nach dem **haftungsausfüllenden Tatbestand** des § 823 Abs. 1 zum Ersatz des durch die Rechtsverletzung **kausal verursachten Schadens** verpflichtet und muss den zur Herstellung des Zustands, der ohne das schädigende Ereignis bestehende würde, erforderlichen Geldbetrag nach § 249 Abs. 2 ersetzen.

Mithin hat F gegenüber X einen Anspruch auf Ersatz des durch die Zerstörung des Bilderrahmens entstandenen Schadens aus § 823 Abs. 1.

---

32 Palandt/Herrler § 929 Rn. 12.

Fall 5: Die Übergabe nach § 929 S. 1

Fall 5:   Die Übergabe nach § 929 S. 1

Der Förster F verkauft an den Pellet- und Brennholzhersteller K einige Quadratmeter Holz, die F in seinem Revier speziell gekennzeichnet und beiseite gelegt hat. Nachdem K den Kaufpreis bezahlt, gestattet ihm F, das Holz jederzeit abzuholen. Als K drei Tage später das Holz abholen möchte, muss er erfahren, dass das Holz in der Nacht zuvor bei einem Brand untergegangen ist. Der Student X wollte mit diesem „Lagerfeuer" seine Kommilitonin Y beeindrucken. Enttäuscht verlangt K von X Schadensersatz. Zu Recht?

A. Anspruch aus § 823 Abs. 1

K könnte gegen X einen Anspruch auf Ersatz des durch die Zerstörung des Holzes entstandenen Schadens aus § 823 Abs. 1 haben.

I. Dazu müsste zunächst nach § 823 Abs. 1 eine **Rechts(gut)verletzung** vorliegen. Die Zerstörung des Holzes könnte hier eine **Eigentumsverletzung** in Form einer Substanzverletzung darstellen. Dann läge eine Verletzung des deliktisch geschützten Eigentums i.S.v. § 903 und damit eine Rechtsverletzung vor.

Fraglich ist allerdings, ob das Holz zum Zeitpunkt des Brandes überhaupt im Eigentum des K stand.

K könnte das Eigentum an dem Holz nach § 929 S. 1 von F erlangt haben.

1. Eine **dingliche Einigung** zwischen K und F über den Eigentumsübergang am Holz liegt gemäß § 929 S. 1 vor.

2. Zudem müsste F dem K das Holz gemäß § 929 S. 1 **übergeben** haben.

Dazu müsste der Erwerber den Besitz an der Sache auf Veranlassung des Veräußerers zum Zwecke des Eigentumserwerbs erlangt haben und der Veräußerer müsste jede besitzrechtliche Position verloren haben. Umstritten ist, ob darüber hinaus ein Wechsel des unmittelbaren Besitzes erforderlich ist.

a) Der K müsste als **Erwerber** zunächst **Besitz** an dem Holz **erlangt** haben.

aa) Ein unmittelbarer Besitzerwerb nach § 854 Abs. 1 zugunsten des K ist mangels Erlangung der tatsächlichen Sachherrschaft am Holz nicht erfolgt.

bb) K könnte aber nach **§ 854 Abs. 2** den Besitz am Holz erworben haben. Für eine Erlangung des Besitzes nach § 854 Abs. 2 müssten sich der bisherige Besitzer und der Erwerber darüber einigen, dass nunmehr der Erwerber berechtigt sein soll, den Besitz auszuüben, der Erwerber müsste sofort in der Lage sein, die Sachherrschaft auszuüben und der bisherige Besitzer muss im Umfang der Besitzübertragung die Sachherrschaft tatsächlich aufgeben.[33]

(1) Der bisherige Besitzer F und der Erwerber K haben sich zunächst darüber **geeinigt**, dass nunmehr der K dazu berechtigt ist, den Besitz am Holz auszuüben.

---

33 Palandt/Herrler § 854 Rn. 7; Jauernig/Berger § 854 Rn. 12.

15

(2) Der Erwerber müsste sofort **in der Lage** sein, die **Sachherrschaft aus-zuüben**. Eine tatsächliche Erlangung der tatsächlichen Gewalt ist hierbei keine Voraussetzung.[34] Hier hat F dem K eine jederzeitige Abholerlaubnis erteilt und ihm damit die Möglichkeit eingeräumt, die tatsächliche Sachherrschaft an dem Holz auszuüben.

(3) Schließlich hat F auch die Sachherrschaft im Umfang der Besitzübertragung tatsächlich **aufgegeben**. K hat folglich als Erwerber Besitz nach § 854 Abs. 2 an dem Holz erlangt.

b) Ferner müsste der Erwerber K den Besitz an dem Holz **auf Veranlassung des Veräußerers** F zum Zwecke des Eigentumserwerbs erlangt haben. Dies ist hier mangels entgegenstehender Anhaltspunkte der Fall.

c) Weiterhin dürfte der **Veräußerer** F **keine besitzrechtliche Position** mehr an dem Holz innehaben. Dies ist hier mangels entgegenstehender Anhaltspunkte ebenfalls der Fall.

d) Ob darüber hinaus für eine Übergabe nach § 929 S. 1 ein **Wechsel im unmittelbaren Besitz** erforderlich ist *(vgl. Fall 7)*, kann hier dahinstehen. Schließlich ist der unmittelbare Besitz an dem Holz von F auf K nach § 854 Abs. 2 gewechselt. Somit hat F dem K das Holz gemäß § 929 S. 1 übergeben.

3. Ferner war F als verfügungsbefugter Eigentümer auch **berechtigt**, das Eigentum an dem Holz auf K zu übertragen. Somit hat F dem K wirksam das Eigentum an dem Holz gemäß § 929 S. 1 übertragen, sodass K zum Zeitpunkt des Brandes bereits Eigentümer war. Mithin liegt infolge Zerstörung des Holzes auch eine kausale Eigentumsverletzung durch den X vor.

II. Zudem handelte X **rechtswidrig**; durch die Tatbestandsmäßigkeit ist die Rechtswidrigkeit indiziert.

III. X handelte auch vorsätzlich und damit **schuldhaft**.

IV. Folglich ist X nach § 823 Abs. 1 zum Ersatz des durch die Rechtsgutverletzung **kausal verursachten Schadens** verpflichtet und muss den Zustand, der ohne das schädigende Ereignis bestehend würde, durch Zahlung des dazu erforderlichen Geldbetrages nach § 249 Abs. 2 wiederherstellen.

V. Mithin hat K gegenüber X einen Anspruch auf Ersatz des durch die Zerstörung des Holzes entstandenen Schadens aus § 823 Abs. 1.

B. Anspruch aus § 823 Abs. 2 BGB i.V.m. § 303 StGB

Ferner hat K gegen X einen Anspruch aus **§ 823 Abs. 2 BGB i.V.m. § 303 StGB** auf Ersatz des durch die Zerstörung des Holzes entstandenen Schadens.

---

34 MüKo/Joost § 854 Rn. 31; Palandt/Herrler § 854 Rn. 7.

Fall 6: Der Geheißerwerb (Streckengeschäft)

Fall 6: Der Geheißerwerb (Streckengeschäft)

Der Computerhersteller G verkauft 100 Netbooks an den Großhändler A. Noch bevor die Netbooks an A ausgeliefert werden, verkauft sie A gewinnbringend weiter an X, der sie noch am gleichen Tag an Y weiterverkauft. Sodann ruft X bei G an und bittet ihn, die Netbooks der Einfachheit halber direkt an Y zu liefern. A ist damit einverstanden und erklärt seine Zustimmung. Daraufhin liefert G die Ware an Y aus. Als X von Y den vereinbarten Kaufpreis verlangt, erklärt Y wirksam die Anfechtung des Kaufvertrages wegen arglistiger Täuschung. Umgehend verlangt X die Netbooks von Y heraus. Zu Recht?

A. Anspruch aus § 985

X könnte gegen Y einen Anspruch auf Herausgabe der Netbooks aus § 985 haben.

Dazu müsste X Eigentümer und Y besitzrechtsloser Besitzer sein.

I. X könnte das **Eigentum** nach **§ 929 S. 1** von A erlangt haben.

1. Hierfür ist zunächst eine **Einigung** zwischen X und A über den Übergang des Eigentums an den Netbooks nach **§ 929 S. 1** erforderlich.

Eine ausdrückliche Einigung über den Eigentumsübergang ist nicht getroffen worden. Es könnte aber eine **stillschweigende antizipierte**, d.h. vorweggenommene, **Einigung** über den Eigentumsübergang zwischen X und A **im Zeitpunkt des Abschlusses des Kaufvertrages** vorliegen.

Eine antizipierte Einigung ist anzunehmen, wenn nach dem Willen beider Parteien der Eigentumswechsel bereits mit der Besitzübertragung, an der der X als Erwerber nicht mitwirken soll, stattfinden soll. Wenn keine entgegenstehenden Anhaltspunkte gegeben sind, ist bei **Streckengeschäften** von diesem Willen der Parteien auszugehen.[35] Dafür spricht insbesondere, dass die jeweiligen Kaufvertragsparteien ihre Pflicht zur Eigentums- und Besitzverschaffung nach § 433 Abs. 1 S. 1 auch ihrem Vertragspartner gegenüber erfüllen möchten, um von dieser Pflicht frei zu werden. Daher ist bei Streckengeschäften davon auszugehen, dass das Eigentum an dem veräußerten Gegenstand immer in der jeweiligen Kette der geschlossenen Kaufverträge übertragen wird und nicht eine Direktübereignung durch den Erstverkäufer an den Letztkäufer erfolgt. Im Hinblick darauf, dass X und A außerhalb der Kaufvertragsvereinbarung keine weiteren Erklärungen für erforderlich gehalten haben, kann aus normativer Sicht nur der Schluss gezogen werden, dass sie die dingliche Einigung i.S.d. § 929 S. 1 bereits gleichzeitig stillschweigend mit der schuldrechtlichen Einigung, also bei Abschluss des Kaufvertrages, erzielt haben.

Mithin haben sich X und A gemäß § 929 S. 1 über den Eigentumsübergang an den Netbooks geeinigt.

2. Des Weiteren müssten die Netbooks dem X als Erwerber **übergeben** worden sein. Dazu müsste der Erwerber den Besitz an der Sache auf Veranlassung oder Duldung durch den Veräußerer zum Zwecke der Eigentumsübertragung erlangt haben und der Veräußerer müsste jede besitzrechtli-

Bei **Streckengeschäften** vollzieht sich der Eigentumswechsel grundsätzlich **entsprechend der Kausalbeziehungen**. Die dingliche Einigung der jeweils beteiligten Vertragspartner wird dann bereits bei Abschluss des Kaufvertrages (stillschweigend) erklärt; **sog. antizipierte Einigung.**

---

35 BGH NJW 1986, 1166, 1166 f.; Palandt/Herrler § 929 Rn. 20.

2. Teil — Rechtsgeschäftl. Übertragung des Eigentums an bewegl. Sachen durch d. Berechtigten

che Position daran verloren haben.

a) X müsste zunächst den Besitz erworben haben.

aa) Erwerb des unmittelbaren Besitzes nach § 854 Abs. 1

X könnte den Besitz zunächst nach **§ 854 Abs. 1** durch **Erlangung der tatsächlichen Gewalt** über die Sache erworben haben.
X hat die Netbooks jedoch nicht unmittelbar geliefert bekommen. Er könnte deshalb nur dann **unmittelbaren Besitz nach § 854 Abs. 1** erlangt haben, wenn Y **Besitzdiener** des X i.S.d. § 855 wäre. Jedoch besteht kein soziales Abhängigkeitsverhältnis[36] zwischen X und Y, sodass Y kein Besitzdiener und folglich X kein unmittelbarer Besitzer der Netbooks geworden ist.

bb) Mangels Vorliegens eines **Besitzmittlungsverhältnisses i.S.d. § 868** zwischen X und Y ist X auch kein **mittelbarer Besitzer**[37] der Netbooks geworden. Schließlich besitzt Y nicht für X und weist daher auch keinen Fremdbesitzerwillen auf.

Der **Erstverkäufer** ist die Geheißperson des jeweiligen Veräußerers in der Kette; der **Letztkäufer** ist die Geheißperson des jeweiligen Erwerbers in der Kette.

cc) Letztlich hat Y den Besitz nur erlangt, indem G die Netbooks auf **Weisung (d.h. auf Geheiß)**[38] des X unmittelbar an Y ausgeliefert hat.

Fraglich ist, ob dies für eine Übergabe an X und daher für einen Eigentumserwerb durch X nach § 929 S. 1 ausreicht.

Gegen die Zulässigkeit eines solchen **Geheißerwerbs** könnte der **sachenrechtliche Publizitätsgrundsatz** sprechen, wonach Rechtsveränderungen an beweglichen Sachen grundsätzlich erkennbar und daher mit einem Besitzwechsel verbunden sein sollen. Als Ausnahme hierzu wird aber der Geheißerwerb durch eine Person – hier Y –, die dem Erwerber – hier X – selbst keine besitzrechtliche Position verschafft, anerkannt. Dafür spricht insbesondere, dass der Erwerber X zwar keine besitzrechtliche Position erlangt, ihm aber eine entsprechende Stellung eingeräumt wird. Diese besteht in der dem X zustehenden **Weisungsmacht** gegenüber G hinsichtlich der Auslieferung der Netbooks. Durch die Befolgung der Anweisung wird nach außen deutlich, dass der Anweisende X die tatsächliche Sachherrschaft über die Sache ausüben kann. Denn X hätte sein Weisungsrecht auch dahingehend ausüben können, dass G die Netbooks zunächst an X selbst ausliefert, sodass dieser unmittelbarer Besitzer geworden wäre, um die Netbooks dann später an Y weiterzuleiten. Die Herrschaftsmacht steht daher dem Besitz gleich.[39] Der Geheißerwerb ist daher als Ausnahme zum Publizitätsgrundsatz anerkannt. **Y ist die Geheißperson des Erwerbers X.**

Folglich ist durch den Besitzerwerb seiner Geheißperson Y auch ein Besitzerwerb i.S.d. § 929 S. 1 beim Erwerber X gegeben.

b) Der **Besitzerwerb des Y als Geheißperson des X müsste weiterhin auf Veranlassung des Veräußerers A** erfolgt sein.

Zwar hatte A selbst niemals Besitz an den Netbooks, jedoch hat G nur aufgrund der Weisung seines Vertragspartners A die Lieferung an den Letztabnehmer Y vorgenommen. Ausreichend ist daher, wie oben bereits ausge-

---

36 Vgl. zum Begriff MüKo/Joost § 855 Rn. 4 f.; Palandt/Herrler § 855 Rn. 1 ff.
37 Vgl. zum Begriff MüKo/Joost § 868 Rn. 11; Palandt/Herrler § 868 Rn. 6.
38 Vgl. MüKo/Oechsler § 929 Rn. 67 ff. m.w.N.; Palandt/Herrler § 929 Rn. 19.
39 MüKo/Oechsler § 929 Rn. 68.

führt, dass auch auf der **Veräußererseite eine Geheißperson – hier G** – tätig wird, die dem Erwerber oder dessen Geheißperson den Besitz überträgt. Da vorliegend G sich den Weisungen des A unterworfen hat, ist die Besitzerlangung des Y als Geheißperson des X auf Veranlassung des Veräußerers A erfolgt.

c) A als Veräußerer hatte **nie eine besitzrechtliche Position**, sodass ein Besitz bei ihm auch nicht verblieben sein kann.

d) Unabhängig von der Frage, ob ein solcher Wechsel für eine Übergabe i.S.d. § 929 S. 1 überhaupt erforderlich ist, hat hier ein **Wechsel von G auf Y** stattgefunden.

Eine Übergabe i.S.d. § 929 S. 1 liegt damit vor.

3. A müsste auch **Berechtigter** hinsichtlich der Eigentumsübertragung an den Netbooks sein.

Zur Eigentumsübertragung ist nur der wahre Rechtsinhaber, also der verfügungsbefugte Eigentümer oder der verfügungsbefugte Nichteigentümer, der vom wahren Rechtsinhaber zur Verfügung gemäß § 185 Abs. 1 ermächtigt oder aber gesetzlich verfügungsbefugt ist, berechtigt.[40]

A ist selbst Eigentümer der Netbooks geworden, wenn er sie gemäß § 929 S. 1 von G erlangt hat.

a) Wie bereits festgestellt, wird bei Streckengeschäften eine **stillschweigende antizipierte Einigung über den Eigentumsübergang** bereits im Zeitpunkt des Kaufvertragsschlusses getroffen. Folglich liegt auch eine mit dem Kaufvertrag zusammenfallende dingliche Einigung i.S.d. **§ 929 S. 1** zwischen G und A vor.

b) Die Sache müsste dem Erwerber auch nach § 929 S. 1 **übergeben** worden sein. Dazu müsste der Erwerber den Besitz an der Sache erlangt haben und der Veräußerer müsste jede besitzrechtliche Position verloren haben. Dieses müsste zudem auf Veranlassung oder Duldung durch den Veräußerer zum Zwecke der Eigentumsübertragung geschehen sein.

aa) A hat zwar keine **besitzrechtliche Position** erlangt. Jedoch hat er eine Weisungsmacht gegenüber G. Daher ist es ihm möglich, dass G auf sein Geheiß hin die Netbooks unmittelbar an Y ausliefert. Y, als letzter in der Kette, ist also die Geheißperson des jeweiligen Erwerbers.[41]

Folglich ist durch den Besitzerwerb seiner Geheißperson Y auch ein Besitzerwerb i.S.d. § 929 S. 1 bei A gegeben.

bb) Dies ist auch **auf Veranlassung des G** geschehen, indem er selbst den unmittelbaren Besitz an die Geheißperson Y übertragen hat.

cc) G hatte danach **keine besitzrechtliche Position mehr**.

dd) Ob darüber hinaus für eine Übergabe nach § 929 S. 1 ein **Wechsel** im unmittelbaren Besitz erforderlich ist *(vgl. Fall 7)*, kann hier dahinstehen. Der unmittelbare Besitz ist letztlich vom Computerhersteller G auf den Y gewechselt. Eine Übergabe von G an A i.S.d. § 929 S. 1 liegt vor.

---

40 BGH NJW 2004, 365; Palandt/Herrler vor § 929 Rn. 4 ff.; MüKo/Oechsler § 929 Rn. 43 ff.; Habersack Ex-Rep Sachenrecht Rn. 140.
41 Vgl. MüKo/Oechsler § 929 Rn. 67 ff. m.w.N.

2. Teil — Rechtsgeschäftl. Übertragung des Eigentums an bewegl. Sachen durch d. Berechtigten

c) G war als verfügungsbefugter Eigentümer der Netbooks **Berechtigter**. Somit hat X das Eigentum an den Netbooks vom Berechtigten A erlangt und könnte daher einen Herausgabeanspruch aus § 985 geltend machen, es sei denn, er hat sein erworbenes Eigentum später wieder verloren.

II. X könnte sein **Eigentum** an Y gemäß **§ 929 S. 1** verloren haben.

1. X und Y haben sich **antizipiert über den Eigentumsübergang im Zeitpunkt des Kaufvertragsschlusses nach § 929 S. 1 geeinigt**.

2. Y hat den **unmittelbaren Besitz erlangt**. Dies ist auch durch G als Geheißperson des Veräußerers X und daher auf dessen Weisung hin erfolgt. G, als erster in der Kette, ist die Geheißperson des jeweiligen Veräußerers.[43] X hat keine besitzrechtliche Position mehr und ein Wechsel in der Person des unmittelbaren Besitzers liegt auch vor. Eine Übergabe i.S.d. § 929 S. 1 liegt demnach vor.

3. X war, wie zuvor bereits dargelegt, auch zur Eigentumsübertragung **berechtigt** und hat somit sein Eigentum wieder an Y verloren. Somit hat X gegen Y keinen Anspruch auf Herausgabe der Netbooks aus § 985.

B. Anspruch aus § 812 Abs. 1 S. 1 Var. 1

X könnte gegen Y einen Anspruch auf Herausgabe der Netbooks aus § 812 Abs. 1 S. 1 Var. 1 haben.

I. Y müsste zunächst **etwas erlangt** haben.

Etwas ist grundsätzlich jeder vermögenswerte Vorteil.

Y hat Eigentum und Besitz an den Netbooks und damit einen vermögenswerten Vorteil erlangt.

II. X hat auch ziel- und zweckgerichtet das Vermögen des Y vermehrt, also an diesen **geleistet**. Leistungszweck war hierbei die Erfüllung der vermeintlichen Verbindlichkeit aus dem mit Y geschlossenen Kaufvertrag nach § 433 Abs. 1 S. 1.

III. Ferner müsste Y das Eigentum und den Besitz an den Netbooks auch **ohne rechtlichen Grund** erlangt haben.

Im Hinblick darauf, dass der Kaufvertrag wirksam angefochten wurde und somit eine zu erfüllende Verbindlichkeit nicht bestand, ist der Leistungszweck verfehlt worden. Somit ist ohne Rechtsgrund geleistet worden.

IV. Folglich steht dem X gegen Y ein Herausgabeanspruch aus § 812 Abs. 1 S. 1 Var. 1 hinsichtlich der Netbooks zu.

Hier hat Y ausdrücklich nur den Kaufvertrag mit K wegen arglistiger Täuschung angefochten, sodass das Verfügungsgeschäft nach § 929 S. 1 zwischen K und Y unberührt bleibt (Abstraktionsprinzip). Grundsätzlich besteht bei arglistiger Täuschung aber „**Fehleridentität**" zwischen dem Motiv, das Verpflichtungsgeschäft einzugehen und dem Motiv, ein Verfügungsgeschäft einzugehen.[42] Hätte Y also auch das Verfügungsgeschäft angefochten, wäre auch ein Anspruch aus § 985 gegeben.

---

42 MüKo/Armbrüster § 123 Rn. 24.
43 Vgl. MüKo/Oechsler § 929 Rn. 67 ff.

Fall 7: Der Wechsel des unmittelbaren Besitzes bei der Übergabe nach § 929 S. 1

Fall 7: Der Wechsel des unmittelbaren Besitzes bei der Übergabe nach § 929 S. 1

Der Antiquitätenhändler F verkauft dem Kunstliebhaber K eine alte indische Kommode, die er aufgrund seiner begrenzten Lagerkapazitäten bei G in Verwahrung gegeben hat. Es wird vereinbart, dass K mit G einen eigenen Verwahrungsvertrag abschließt und der ursprüngliche Vertrag zwischen F und G aufgehoben wird. Am 01.07. wird dieses Vorhaben umgesetzt. Am 04.07. wird durch eine Unachtsamkeit des G ein Brand ausgelöst, bei dem die Kommode vollständig zerstört wird. K verlangt Schadensersatz. Zu Recht?

A. Anspruch aus §§ 280 Abs. 1, 3, 283

K könnte zunächst gegen G ein Schadensersatzanspruch statt der Leistung aus §§ 280 Abs. 1, 3, 283 wegen Unmöglichkeit der Herausgabe der in Verwahrung gegebenen Kommode zustehen.

I. Dazu müsste zwischen K und G zunächst ein **wirksames Schuldverhältnis** bestehen. Dies ist hier aufgrund des zwischen den beiden geschlossenen Verwahrungsvertrages nach § 688 der Fall.

II. Ferner müsste die Leistungspflicht des G nach **§ 275 Abs. 1–3** ausgeschlossen sein.

Durch die vollständige Zerstörung der Kommode könnte zudem die Leistung nach § 275 Abs. 1 nachträglich unmöglich geworden sein. **Unmöglichkeit** i.S.d. § 275 Abs. 1 liegt vor, wenn die Leistung für den Schuldner oder für jedermann unmöglich ist. Durch die Zerstörung der Kommode ist es G unmöglich, seiner Hauptleistungspflicht – die Aufbewahrung der Sache – nachzukommen.

III. Des Weiteren müsste G den Ausschluss der Leistungspflicht nach **§ 280 Abs. 1 S. 2** zu vertreten haben.

Die Kommode ist aufgrund einer Unachtsamkeit des G bei einem Brand zerstört worden. G kann sich nicht gemäß § 280 Abs. 1 S. 2 entlasten und hat daher die Unmöglichkeit der Leistungsverpflichtung auch zu vertreten.

IV. K hat gegen G somit einen Schadensersatzanspruch statt der Leistung aus §§ 280 Abs. 1, 3, 283 wegen Unmöglichkeit der Herausgabe der in Verwahrung gegebenen Kommode.

B. Anspruch aus § 823 Abs. 1

Des Weiteren könnte K gegen G einen Anspruch aus § 823 Abs. 1 auf Ersatz des durch die Zerstörung der Kommode entstandenen Schadens haben.

I. Dafür müsste der **haftungsbegründende Tatbestand** erfüllt sein.

1. Hierfür müsste zunächst eine **Rechts(gut)verletzung** i.S.d. § 823 Abs. 1 gegeben sein.
Die Zerstörung der Kommode könnte eine Eigentumsverletzung in Form einer Substanzverletzung darstellen. Dann läge eine Verletzung des deliktisch geschützten Eigentums i.S.v. § 903 und damit eine Rechtsverletzung vor.

21

Fraglich ist, ob die Kommode zum Zeitpunkt des Brandes überhaupt im Eigentum des K stand.

K könnte hier das Eigentum an der Kommode von F nach § 929 S. 1 erlangt haben.

a) Eine **dingliche Einigung** zwischen K und F über den Eigentumsübergang an der Kommode ist nach § 929 S. 1 gegeben.

b) Ferner müsste eine **Übergabe** der Kommode **nach § 929 S. 1** erfolgt sein.

Dazu müsste der Erwerber den Besitz an der Sache erlangt haben und der Veräußerer müsste jede besitzrechtliche Position verloren haben. Dieses müsste zudem auf Veranlassung des Veräußerers zum Zwecke der Eigentumsübertragung geschehen sein.

aa) K müsste zunächst den **Besitz an der Sache** erworben haben.

(1) Aufgrund des Verwahrungsvertrags zwischen K und G gelangte die Kommode nie in den **unmittelbaren Besitz** des K. Somit konnte K auch nie die tatsächliche Sachherrschaft nach **§ 854 Abs. 1** ausüben und hat daher keinen unmittelbaren Besitz erworben.

(2) K könnte aber nach **§ 868** den **mittelbaren Besitz** an der Kommode erworben haben.

Nach Abschluss des Verwahrungsvertrages zwischen K und G mit Einverständnis des F hatte G aufgrund des nun zwischen ihm und K bestehenden Rechtsverhältnisses i.S.d. § 868 nunmehr Fremdbesitzerwillen für K. Folglich hat K als Erwerber mittelbaren Besitz erworben.

Der Erwerb dieses mittelbaren Besitzes erfolgte, weil F den G aus dem bis dahin bestehenden Verwahrungsvertrag entlassen hat. Dadurch wurde der Wechsel in der Willensrichtung des G herbeigeführt, künftig für K und nicht mehr für F zu besitzen.

Daher hat K den mittelbaren Besitz auf Veranlassung des F erlangt.

bb) Weiterhin hat der Erwerber K den Besitz an der Kommode **auf Veranlassung des Veräußerers zum Zwecke der Eigentumsübertragung** erlangt.

cc) Ferner hat der Veräußerer F **keine besitzrechtliche Position mehr** an der Kommode inne.

dd) Fraglich ist, ob für eine Übergabe nach § 929 S. 1 ein **Wechsel in der Person des unmittelbaren Besitzers** erforderlich ist.

(1) Einer Ansicht nach ist für eine Übereignung nach § 929 S. 1 ein Wechsel in der Person des unmittelbaren Besitzers erforderlich, da erst dieses Merkmal die Übereignung nach § 929 S. 1 von dem Tatbestand der §§ 930, 931 abgrenze.[44] Ohne Wechsel des unmittelbaren Besitzes gehe das Eigentum nach § 931 analog über, da es von der Interessenlage keinen Unterschied mache, ob der Veräußerer – hier F – dem Erwerber – hier K – seine Ansprüche aus dem Verwahrungsvertrag abtrete oder der Erwerber einen eigenen Verwahrungsvertrag abschließe. Vorliegend ist G unmittelbarer Besitzer

---

44   BGH NJW 1979, 2037; Hager WM 1980, 666, 671.

der Kommode geblieben, sodass hiernach eine Übergabe i.S.d. § 929 S. 1 nicht vorliegt.

Vielmehr hat K das Eigentum dieser Ansicht nach gemäß **§§ 929 S. 1, 931 analog** erlangt.

(2) Die h.A. in der Lit. und die neuere Rspr. halten einen Wechsel in der Person des unmittelbaren Besitzers dagegen nicht für erforderlich.[45] Für einen Eigentumsübergang nach § 929 S. 1 reiche der Erwerb des mittelbaren Besitzes, unabhängig davon, wer diesen mittelt, aus. Der Wortlaut des § 929 S. 1 setze den Wechsel des unmittelbaren Besitzes gerade nicht voraus.

Dieser Ansicht nach hat K das Eigentum nach **§ 929 S. 1** erlangt.

(3) Nach beiden Ansichten ist es vorliegend zum Eigentumswechsel am 01.07. gekommen, da F als **Berechtigter** über das Eigentum an der Kommode verfügt hat.

Daher ist ein Streitentscheid entbehrlich. K ist Eigentümer der Kommode geworden.

G hat demnach das Eigentum des K i.S.d. § 823 Abs. 1 verletzt.

2. Durch die Tatbestandsmäßigkeit ist die **Rechtswidrigkeit** indiziert.

3. Ferner handelte G auch **schuldhaft**, indem er fahrlässig i.S.d. § 276 Abs. 2 einen Brand auslöste, bei dem die Kommode zerstört wurde.

II. Mithin ist G im Rahmen des **haftungsausfüllenden Tatbestandes** des § 823 Abs. 1 zum Ersatz des durch die Rechtsgutverletzung **kausal entstandenen Schadens** verpflichtet und muss den zur Herstellung des Zustands, der ohne das schädigende Ereignis bestehende würde, erforderlichen Geldbetrag nach § 249 Abs. 2 ersetzen.

Somit hat K gegenüber G einen Anspruch auf Ersatz des durch die Zerstörung der Kommode entstandenen Schadens aus § 823 Abs. 1.

---

45 BGHZ 92, 280, 288; Baur/Stürner § 51 Rn. 14; Staudinger/Wiegand § 929 Rn. 48 f.; Westermann/Westermann § 40 II 1.

| 2. Teil | Rechtsgeschäftl. Übertragung des Eigentums an bewegl. Sachen durch d. Berechtigten |

Fall 8: Die Übereignung beweglicher Sachen durch den nicht verfügungsbefugten (insolventen) Eigentümer

Über das Vermögen des F ist das Insolvenzverfahren eröffnet worden. Trotzdem verkauft und übergibt F dem gutgläubigen K den zum Betrieb gehörenden Gabelstapler. Der Insolvenzverwalter I verlangt von K Herausgabe des Gabelstaplers.

I wiederum verkauft und übereignet einem ausländischen Konkurrenten, dem A, eine Maschine. F, der sehr an dieser Maschine hängt, verlangt diese von A heraus. Wie ist die Rechtslage?

A. Anspruch aus § 985 des I gegen K

I könnte gegen K einen Anspruch auf Herausgabe des Gabelstaplers aus § 985 haben.

Dann müsste I Eigentümer und K besitzrechtsloser Besitzer des Gabelstaplers sein.

Durch die Eröffnung des Insolvenzverfahrens findet **kein Rechtsübergang** auf den Insolvenzverwalter statt. Dieser erhält nach § 80 Abs. 1 InsO die Verfügungsbefugnis.

I. Durch die Eröffnung des Insolvenzverfahrens findet **kein Eigentumsübergang** (an den Sachen des Insolvenzschuldners) **auf den Insolvenzverwalter** statt; vielmehr bleibt der Insolvenzschuldner zunächst Eigentümer. Das bedeutet, dass I nicht Eigentümer des Gabelstaplers geworden ist. Allerdings geht die Befugnis über die Rechte des Insolvenzschuldners zu verfügen (Verfügungsbefugnis) nach § 80 Abs. 1 InsO mit Insolvenzeröffnung auf den Insolvenzverwalter über, sodass es hier der Sache nach nicht auf die Eigentümerstellung des I, sondern auf die des F ankommt.[46]

II. F könnte vorliegend jedoch sein Eigentum an dem Gabelstapler nach § 929 S. 1 an K verloren haben.

1. F und K haben sich über den Übergang des **Eigentums** am Gabelstapler gemäß **§ 929 S. 1 geeinigt**.

2. Ferner müsste F den Gabelstapler gemäß **§ 929 S. 1** an K **übergeben** haben.

K hat den unmittelbaren Besitz am Gabelstapler auf Veranlassung des F erlangt und F hat auch keine besitzrechtliche Position mehr inne. Zudem hat ein Wechsel in der Person des unmittelbaren Besitzers stattgefunden, sodass eine Übergabe nach § 929 S. 1 vorliegt.

Der Wortlaut des § 929 S. 1 ist zu eng; nicht jeder Eigentümer ist auch Berechtigter. Entscheidend ist die Verfügungsbefugnis.

3. Fraglich ist, ob **F als Berechtigter** zugunsten des K über das Eigentum am Gabelstapler verfügt hat.

Zur Eigentumsübertragung ist nur der wahre Rechtsinhaber, also der verfügungsbefugte Eigentümer oder der verfügungsbefugte Nichteigentümer, der vom wahren Rechtsinhaber zur Verfügung gemäß § 185 Abs. 1 ermächtigt oder aber gesetzlich verfügungsbefugt ist, berechtigt.[47]

Fehlt also die Verfügungsbefugnis, handelt auch ein Eigentümer als Nichtberechtigter.[48]

---

46 MüKo/Oechsler § 929 Rn. 44; Palandt/Herrler § 929 Rn. 7; MüKo/Ott/Vuia § 80 InsO Rn. 6 ff.

47 BGH NJW 2004, 365; Palandt/Herrler vor § 929 Rn. 4 ff.; MüKo/Oechsler § 929 Rn. 43 ff.; Habersack Ex-Rep Sachenrecht Rn. 140.

48 Vgl. MüKo/Oechsler § 929 Rn. 43; Palandt/Herrler § 929 Rn. 7.

Fall 8: Übereignung beweglicher Sachen durch nicht verfügungsbefugten Eigentümer

Vorliegend ist das Insolvenzverfahren über das Vermögen des F eröffnet worden. Folglich ist er nach § 81 Abs. 1 InsO nicht mehr befugt, über einen Gegenstand der nsolvenzmasse zu verfügen.

Somit hat F als Nichtberechtigter gehandelt, sodass der Erwerb vom Berechtigten nach § 929 S. 1 nicht möglich ist.

4. K könnte das Eigentum nach den **§§ 932 ff. gutgläubig vom Nichtberechtigten** erworben haben.

Ein gutgläubiger Erwerb vom Nichtberechtigten ist hier jedoch nicht möglich, da § 932 nur das fehlende Eigentum, aber nicht die fehlende Verfügungsbefugnis überwindet.[49] Auch eine entsprechende Anwendung der §§ 932 ff. scheidet hier aus, weil § 81 Abs. 1 S. 1 InsO eine absolute Unwirksamkeit von Verfügungen des Insolvenzschuldners anordnet.[50] F hat sein Eigentum nicht an K verloren. Er ist Eigentümer geblieben.

III. Des Weiteren müsste **K Besitzer des Gabelstaplers** sein.

K hat aufgrund der Übergabe des F die tatsächliche Sachherrschaft am Gabelstapler begründet und ist demnach gemäß § 854 der unmittelbare Besitzer.

IV. Ferner hatte K auch weder ein absolutes noch ein relatives **Recht zum Besitz** des Gabelstaplers nach **§ 986**.

V. Somit liegen die Voraussetzungen des Herausgabeanspruchs nach § 985 vor. Den Anspruch des F aus § 985 kann I als Insolvenzverwalter nach § 80 Abs. 1 InsO im eigenen Namen kraft Gesetzes gegen K geltend machen.[51]

B. Anspruch aus § 985 von F gegen A

F könnte gegen A einen Anspruch auf Herausgabe der Maschine aus § 985 haben.

Dann müsste F Eigentümer und A besitzrechtsloser Besitzer der Maschine sein.

I. F könnte das **Eigentum** an der Maschine aber nach **§ 929 S. 1** an A verloren haben.

1. Hier haben sich I als Insolvenzverwalter und A über den Übergang des Eigentums an der Maschine **gemäß § 929 S. 1 geeinigt**.

2. Eine **Übergabe i.S.d. § 929 S. 1** liegt ebenfalls vor.

3. Zwar ist I nicht Eigentümer der Maschine gewesen, als er die Verfügung vorgenommen hat. Aber **Berechtigter i.S.d. §§ 929 ff.** kann auch ein Nichteigentümer sein, sofern die Verfügungsberechtigung gegeben ist. Ein Insolvenzverwalter kann kraft Gesetzes über das Eigentum an den Sachen, die seiner Verwaltung unterliegen, nach §§ 929 ff. i.V.m. § 80 Abs. 1 InsO als Berechtigter verfügen.[52] Folglich hat I hier als Berechtigter über das Eigentum an der Maschine verfügt, sodass A Eigentümer geworden ist.

II. Der Anspruch des F gegen A auf Herausgabe der Maschine aus § 985 ist demnach nicht gegeben.

Bei **absoluten Verfügungsverboten** (z.B. § 81 Abs. 1 S. 1 InsO) ist ein gutgläubiger Erwerb vom Nichtberechtigten nach den §§ 932 ff. grundsätzlich nicht möglich.
Bei **relativen Verfügungsverboten** i.S.v. § 135 Abs. 2 ist demgegenüber ein gutgläubiger Erwerb möglich. Dies gilt in Ausnahmefällen (z.B. § 366 Abs. 1 HGB) dann sogar beim Fehlen der Verfügungsbefugnis.

Auch ein verfügungsbefugter Nichteigentümer verfügt als Berechtigter (z.B. Insolvenzverwalter [§ 80 InsO], Testamentsvollstrecker [§ 2205], Ermächtigter [§ 185]).

---

49 MüKo/Oechsler § 929 Rn. 44.
50 MüKo/Ott/Vuia § 81 InsO Rn. 13.
51 Vgl. dazu MüKo/Ott/Vuia § 81 InsO Rn. 13.
52 MüKo/Ott/Vuia § 80 InsO Rn. 6 f.

| 2. Teil | Rechtsgeschäftl. Übertragung des Eigentums an bewegl. Sachen durch d. Berechtigten |

Fall 9: Die Übereignung kurzer Hand nach § 929 S. 2

Der reiche F hat sich über Jahre hinweg Autos mit hohem Kraftstoffverbrauch gegönnt. Seit Kurzem ist F aktives Greenpeace-Mitglied und hat begonnen, mehr über Umwelt und die natürlichen Lebensgrundlagen nachzudenken. Er beschließt daher, nur noch den VW Lupo (3 l/100 km) fahren zu wollen. Den Ferrari F 350, den sein Schwager S wieder mal ausgeliehen hat, bietet er diesem zum Sonderpreis von 100.000 € an. Begeistert erklärt dieser sein Einverständnis. Daraufhin einigt man sich, dass S von nun an den Wagen behalten soll. Die S-Klasse, mit der F sich jahrelang fahren ließ, verschenkt er an seinen stets zuverlässigen Chauffeur C. Auch dieser soll den Wagen von nun an behalten. Kurze Zeit später verstirbt F. Seine Erbin E fordert S und C auf, die Autos herauszugeben. Zu Recht?

§ 2018 gewährt dem Erben neben §§ 985, 1007, 861, 812, 823 ff. einen besonderen erbrechtlichen Gesamtanspruch gegen den Erbschaftsbesitzer auf Herausgabe der Nachlassgegenstände (§ 2018), ihrer Surrogate (§ 2019) sowie der Nutzungen (§ 2020).[53]

A. Anspruch der E gegen S aus § 2018

Zunächst kommt ein Anspruch auf Herausgabe des Ferrari F 350 von E gegenüber S aus § 2018 in Betracht.

Zwar ist E als Anspruchstellerin Erbin des F geworden, aber S besitzt den Ferrari nicht in der Annahme eines ihm in Wirklichkeit nicht zustehenden Erbrechts, sondern aufgrund der rechtsgeschäftlichen Übertragung von F. Insofern ist S nicht Erbschaftsbesitzer i.S.d. § 2018, sodass unmaßgeblich ist, ob der Ferrari überhaupt noch zum Nachlass gehört und damit ein Nachlassgegenstand i.S.v. § 2018 ist.

Somit hat E gegenüber S keinen Herausgabeanspruch aus § 2018.

B. Anspruch der E gegen S aus § 985

E könnte gegen S einen Anspruch auf Herausgabe des Ferrari F 350 aus §§ 1922, 985 haben.

Dann müsste dem Erblasser F ein Herausgabeanspruch aus § 985 gegen S zugestanden haben, welcher mit der Erbschaft auf die E gemäß § 1922 übergegangen wäre.

Ursprünglich war F Eigentümer des Ferrari F 350.

I. Sein Eigentum könnte F jedoch nach **§ 929 S. 1** an S verloren haben. Dazu müssten sich Veräußerer und Erwerber über den Eigentumswechsel einigen, die Einigung durch die Übergabe vollziehen und der Veräußerer müsste zur Eigentumsübertragung berechtigt sein.

1. Eine **dingliche Einigung** über den Eigentumsübergang am Pkw ist zwischen F und S nach **§ 929 S. 1** erfolgt.

2. Fraglich ist jedoch, ob eine **Übergabe i.S.d. § 929 S. 1** gegeben ist. Dann müsste S als Erwerber den Besitz an dem Pkw im Zuge der Einigung erlangt haben. Vorliegend war S aber aufgrund des zuvor vereinbarten Leihvertrages mit F bereits unmittelbarer Besitzer des Autos. Er hat den Besitz also nicht im Zuge der Einigung erlangt.

Folglich ist eine Übergabe und demnach auch ein Eigentumsübergang nach § 929 S. 1 nicht gegeben.

---

53 Palandt/Weidlich § 2018 Rn. 1 f.

Fall 9: Die Übereignung kurzer Hand nach § 929 S. 2

II. F könnte das Eigentum am Pkw jedoch nach **§ 929 S. 2 an S** verloren haben.

1. Die **Einigung** über den Eigentumswechsel liegt gemäß **§ 929 S. 2** vor.

2. Nach **§ 929 S. 2** genügt für den Eigentumsübergang allein die Einigung zwischen dem Erwerber und dem Veräußerer, wenn der Erwerber **bereits im Besitz der Sache** ist. Eine Übergabe nach § 929 S. 1 ist dann nicht erforderlich.[54]

Hier hatte S schon vor der dinglichen Einigung den unmittelbaren Besitz an dem Wagen. Mit der Einigung über den Eigentumsübergang hat er den bis dahin aufgrund des Leihvertrages ausgeübten Fremdbesitzerwillen für F auch aufgegeben,[55] sodass F seinen mittelbaren Besitz verloren hat und daher **keinerlei besitzrechtliche Position mehr** inne hatte.

3. F war als verfügungsbefugter Eigentümer auch zur Eigentumsübertragung **berechtigt.**

Folglich hat S das Eigentum an dem Pkw erworben, sodass ein Herausgabeanspruch des F aus § 985 gegen ihn nicht bestand, der nunmehr von der Erbin E geltend gemacht werden könnte.

C. Anspruch der E gegen C aus § 985

E könnte jedoch gegen C einen Anspruch auf Herausgabe des Pkw Mercedes S-Klasse aus §§ 1922, 985 haben.

Dann müsste Erblasser F ein Herausgabeanspruch aus § 985 gegen C zugestanden haben, welcher mit der Erbschaft auf die E übergegangen wäre.

Ursprünglich war F Eigentümer des Mercedes.

I. F könnte sein Eigentum nach **§ 929 S. 2** an C verloren haben.

1. F und C haben sich über den Eigentumsübergang am Pkw i.S.d. § 929 S. 2 **geeinigt.**

2. Ferner müsste der Erwerber C bereits im **Besitz** des Wagens sein.

Als Chauffeur ist C jedoch nur **Besitzdiener i.S.d. § 855**.[56] Unmittelbarer Besitzer des Pkw ist damit F als dessen Arbeitgeber, der nach außen erkennbar dem C aufgrund von § 611 i.V.m. dem Arbeitsverhältnis Weisungen erteilen kann. C dagegen hat gar keinen Besitz an dem Wagen.

Damit ist eine Übereignung nach § 929 S. 2 nicht möglich.

II. Eventuell hat C das Eigentum am Pkw aber nach **§ 929 S. 1** erlangt.

Dazu müssen sich der Veräußerer und der Erwerber über den Eigentumswechsel einigen, die Einigung durch die Übergabe vollziehen und der Veräußerer müsste zur Eigentumsübertragung berechtigt sein.

1. Eine **dingliche Einigung** zwischen C und F liegt nach **§ 929 S. 1** vor.

2. Des Weiteren müsste der Wagen an C **i.S.d. § 929 S. 1 übergeben** worden sein.

---

54 Palandt/Herrler § 929 Rn. 22; MüKo/Oechsler § 929 Rn. 79.
55 Vgl. MüKo/Oechsler § 929 Rn. 81.
56 Vgl. MüKo/Oechsler § 929 Rn. 84.

2. Teil
Rechtsgeschäftl. Übertragung des Eigentums an bewegl. Sachen durch d. Berechtigten

Dazu müsste der Erwerber den Besitz an der Sache erlangt haben und der Veräußerer müsste jede besitzrechtliche Position verloren haben. Dieses müsste zudem auf Veranlassung oder Duldung durch den Veräußerer zum Zwecke der Eigentumsübertragung geschehen sein.

C könnte den unmittelbaren Besitz durch rechtsgeschäftliche Einigung nach § 854 Abs. 2 erworben haben.

Der bisherige Besitzer und der Erwerber müssten sich dazu darüber einigen, dass nunmehr der Erwerber berechtigt sein soll, den Besitz auszuüben. Zudem müsste der Erwerber sofort in der Lage sein, die Sachherrschaft auszuüben und der bisherige Besitzer müsste im Umfang der Besitzübertragung die Sachherrschaft tatsächlich aufgeben.[57]

Der Veräußerer F und der Erwerber C einigten sich darauf, dass nunmehr der C berechtigt sein soll, den Besitz auszuüben. Darüber hinaus befand sich der Pkw bereits in der Obhut des C, sodass dieser sofort in der Lage war, die Sachherrschaft auszuüben. Zudem hat F seine unmittelbare besitzrechtliche Position zum Pkw gegenüber seinem Besitzdiener völlig aufgegeben.

C begründet dadurch Eigenbesitz nach § 872. Die Übertragung des Besitzes an C ist dann durch die Einigung über den Besitzübergang nach § 854 Abs. 2 erfolgt.

3. F hat auch als **Berechtigter** über sein Eigentum verfügt.

III. Somit hat C das Eigentum an dem Wagen erlangt. Ein Herausgabeanspruch des F gegen C, welcher nunmehr von der Erbin E geltend gemacht werden könnte, besteht nicht.

---

57 Palandt/Herrler § 854 Rn. 6 ff.

Fall 10: Das Übergabesurrogat durch Besitzkonstitut nach § 930 (Grundfall)

Der Jurastudent F, der kurz vor den Prüfungen zum ersten Staatsexamen steht und große Geldsorgen hat, verkauft seinen Gesetzestext „Schönfelder" aus der limitierten Auflage zum 250-jährigen Bestehen des Beck-Verlages im Jahre 2013 an seine Cousine C, die erst in zwei Jahren zur Prüfung antreten muss. Trotz sofortiger Zahlung des Kaufpreises durch C möchte F bis zum Abschluss der Prüfung den Band behalten, um sich kein neues Gesetz kaufen zu müssen. Daher vereinbaren F und C für die Zeit bis zum Abschluss der letzten Klausur des F eine Leihe. Nach der letzten Klausur verlangt C den Schönfelder heraus.

Steht C ein dinglicher Herausgabeanspruch aus § 985 zu?

C könnte einen dinglichen Anspruch gegenüber F auf Herausgabe des Schönfelders aus § 985 haben.

Dann müsste C Eigentümerin und F besitzrechtsloser Besitzer des Schönfelders sein.

I. Ursprünglich stand der Schönfelder im Eigentum des F. Das Eigentum daran könnte er aber später nach **§§ 929 S. 1, 930** an C verloren haben.

Dazu müssten sich die Parteien über den Eigentumsübergang geeinigt haben und anstelle der Übergabe müsste ein Übergabesurrogat nach § 930 vereinbart worden sein. Zudem müsste der Veräußerer zur Übereignung berechtigt sein.

1. F und C haben sich über den Eigentumsübergang am Schönfelder **nach § 929 S. 1 geeinigt**.

2. Mangels Übergabe des Schönfelders **i.S.d. § 929 S. 1**, die zumindest vorausgesetzt hätte, dass der Veräußerer F jede besitzrechtliche Position am Gesetzesband verloren hat und nicht, wie hier, unmittelbarer Besitzer gemäß § 854 Abs. 1 geblieben ist, kommt nur die **Vereinbarung eines Übergabesurrogates** in Betracht.

Will oder soll der Veräußerer auch noch nach der Eigentumsübertragung Besitzer bleiben, kann er sein Eigentum u.a. nach **§§ 929 S. 1, 930** durch Einigung und die Vereinbarung eines Besitzkonstituts übertragen.[58]

Dazu müsste der **Veräußerer im Besitz der Sache** sein und es müsste zwischen dem Veräußerer und dem Erwerber ein **Besitzmittlungsverhältnis i.S.d. § 868** vereinbart werden, vermöge dessen der Erwerber den mittelbaren Besitz an der Sache erlangt.[59]

a) Der **Veräußerer** F ist hier entsprechend der Vereinbarung der Parteien **unmittelbarer Besitzer** des Schönfelders nach **§ 854**.

b) Weiterhin müssten F und C ein **Besitzmittlungsverhältnis i.S.d. § 868** vereinbart haben, wodurch C mittelbaren Besitz am Schönfelder erlangt hat.

---

58 MüKo/Oechsler § 930 Rn. 1; Palandt/Herrler § 930 Rn. 1.
59 MüKo/Oechsler § 930 Rn. 9.

| 2. Teil | Rechtsgeschäftl. Übertragung des Eigentums an bewegl. Sachen durch d. Berechtigten |

Aufgrund des zwischen den Parteien geschlossenen Leihvertrages nach § 598 sollte F den Schönfelder bis zur letzten Klausur behalten dürfen. Folglich war er C gegenüber auf Zeit zum Besitz berechtigt. Nach Ablauf der Leihe sollte C den Schönfelder nach § 604 herausverlangen können. Hinzu kommt, dass F innerhalb der Zeit, die ihn zum unmittelbaren Besitz berechtigt, den Schönfelder auch für C besitzt und somit Fremdbesitzerwillen für C hatte (Umkehrschluss aus § 872).

Folglich ist mit dem Leihvertrag ein Rechtsverhältnis i.S.d. § 868 vereinbart worden, wonach C den mittelbaren Besitz am Schönfelder erlangt hat.

3. Ferner müsste **F als Berechtigter** über das Eigentum am Schönfelder **verfügt** haben.

Als verfügungsbefugter Eigentümer ist F zur Verfügung über das Eigentum am Schönfelder berechtigt gewesen.

Folglich ist C Eigentümerin des Schönfelders geworden.

II. Ferner ist F, wie festgestellt, unmittelbarer **Besitzer** und daher richtiger Anspruchsgegner.

III. Darüber hinaus dürfte F als Besitzer des Schönfelders **kein Recht nach § 986 dazu** haben, die Herausgabe der Sache zu verweigern.

Nach Ablauf der vereinbarten Leihe ist F gemäß § 604 zur Herausgabe des Schönfelders verpflichtet (s.o.), sodass ihm aus dem Leihvertrag kein (relatives) Recht zum Besitz mehr nach § 986 Abs. 1 S. 1 Var. 1 zusteht. Auch kann er sich nicht von einem anderen ein Recht zum Besitz gegenüber der C gemäß § 986 Abs. 1 S. 1 Var. 2, S. 2 ableiten.

IV. C hat somit gegenüber F einen Anspruch auf Herausgabe des Schönfelders aus § 985.

Fall 11: Das Übergabesurrogat durch Besitzkonstitut nach § 930 beim gesetzlichen Besitzmittlungsverhältnis

Herr M ist mit Frau F verheiratet und möchte seiner Frau F zum Hochzeitstag seine Lieblingsvase schenken, die im Wohnzimmer steht. Er erklärt ihr, dass die Vase ab jetzt ihr gehören solle. Später gerät M in finanzielle Schwierigkeiten. Einer seiner Gläubiger, der G, lässt die Vase durch den zuständigen Gerichtsvollzieher in der Ehewohnung von M und F nach sechs Jahren pfänden. Umgehend schaltet F ihren Anwalt ein. Dieser erhebt für sie zulässigerweise Drittwiderspruchsklage.

Ist die zulässige Drittwiderspruchsklage begründet?

Die zulässige **Drittwiderspruchsklage nach § 771 ZPO** ist begründet, wenn der F an der Vase ein die Veräußerung hinderndes Recht zusteht und die Möglichkeit der Berufung auf dieses Recht für sie nicht ausnahmsweise ausgeschlossen ist.

I. Zunächst müsste F also an der gepfändeten Vase **ein die Veräußerung hinderndes Recht gemäß § 771 ZPO** haben.

Das ist jedenfalls dann der Fall, wenn F **Eigentum** an dieser Vase erlangt hat.

1. In Betracht kommt ein Eigentumserwerb der F nach **§§ 929 S. 1, 930**.

Dazu müssten sich die Parteien über den Eigentumsübergang i.S.d. § 929 S. 1 geeinigt und anstelle der Übergabe ein Übergabesurrogat nach § 930 vereinbart haben. Zudem müsste der Veräußerer zu der Übereignung berechtigt gewesen sein.

a) Eine **dingliche Einigung** über den Eigentumsübergang an der Vase liegt zwischen M und F i.S.d. **§ 929 S. 1** vor.

b) Mangels **Übergabe i.S.d. § 929 S. 1**, die daran scheitert, dass M unmittelbarer (Mit-)Besitzer[60] der Vase geblieben ist und daher nicht jegliche besitzrechtliche Position an der Vase verloren hat, kommt hier die Vereinbarung eines Besitzkonstituts nach § 930 in Betracht. Die Übergabe nach § 929 S. 1 könnte also durch die Vereinbarung eines Übergabesurrogats nach § 930 ersetzt worden sein.

Zur Vereinbarung eines Übergabesurrogats i.S.d. § 930 müsste der **Veräußerer im Besitz der Sache** sein und es müsste zwischen Veräußerer und Erwerber ein **Besitzmittlungsverhältnis** bestehen.

M ist unmittelbarer (Mit-)Besitzer der Vase.

Ein **rechtsgeschäftlich** begründetes Besitzmittlungsverhältnis i.S.d. § 868 zwischen M und F ist hier **nicht ersichtlich**.

Es könnte jedoch ein **gesetzliches Besitzmittlungsverhältnis** infolge der zwischen M und F geschlossenen **Ehe** bestehen.

Bei gesetzlichen Besitzmittlungsverhältnissen handelt es sich um „ähnliche Verhältnisse" i.S.v. § 868; dem Wortlaut des § 930 („vereinbart") darf hier aus Sinn und Zweck der Vorschrift keine Bedeutung beigemessen werden.[61] Aus dem **Gebot der ehelichen Lebensgemeinschaft nach § 1353**

---

60 Vgl. dazu BGH NJW 1979, 976, 977.
61 MüKo/Oechsler § 930 Rn. 19.

folgt u.a. auch, dass die Eheleute für die Dauer der Ehe und daher auf Zeit einander gegenüber verpflichtet sind, sich gegenseitig die **Benutzung der ehelichen Wohnung und des darin befindlichen Hausrats zu gestatten**.[62] Aus dieser Besitzberechtigung folgt, dass der mitbesitzende Nichteigentümer dem Eigentümer den Besitz mittelt. Daher ist der Eigentümer insoweit sowohl unmittelbarer Besitzer hinsichtlich des ihm gehörenden Hausrats als auch mittelbarer Besitzer. Schließlich ist davon auszugehen, dass der Ehegatte hinsichtlich der Gegenstände, die nicht in seinem Eigentum stehen, mit Fremdbesitzerwillen für seinen Ehepartner besitzt.[63] Demzufolge ist die Ehe ein „ähnliches Verhältnis" i.S.d. § 868, sodass zwischen M und F ein gesetzliches Besitzmittlungsverhältnis besteht.

Ein wirksames Übergabesurrogat in Form des zwischen M und F gemäß § 930 vereinbarten Besitzkonstituts liegt demnach vor.

c) Ferner hat M auch als **Berechtigter** verfügt.

2. Folglich hat M das Eigentum an der Vase nach §§ 929 S. 1, 930 an F verloren.

II. Des Weiteren dürfte die Möglichkeit der F, sich auf dieses Eigentumsrecht zu berufen, **nicht ausnahmsweise ausgeschlossen** sein.

Das wäre insbesondere dann der Fall, wenn F zur Duldung der Zwangsvollstreckung in die Vase verpflichtet wäre, weil sie das Eigentum an der Vase in anfechtbarer Weise erlangt hätte.

In Betracht kommt hier die Einrede des anfechtbaren Rechtserwerbs nach **§ 9 AnfG**. Jedoch liegt der Eigentumserwerb durch F bereits länger als vier Jahre zurück, sodass kein Anfechtungsgrund nach § 4 AnfG zugunsten des G besteht. Da auch andere Anfechtungsgründe hier nicht ersichtlich sind, ist die Berufung auf das die Veräußerung hindernde Recht der F demnach nicht ausgeschlossen.

III. F hat somit durch den Eigentumserwerb nach §§ 929 S. 1, 930 ein die Veräußerung hinderndes Recht i.S.d. § 771 ZPO erworben.

Mangels entgegenstehender Anhaltspunkte ist F auch nicht zur Duldung der Zwangsvollstreckung verpflichtet, sodass ihr die Veräußerung hinderndes Recht auch nicht ausnahmsweise nach § 242 ausgeschlossen ist.

IV. Die zulässige Drittwiderspruchsklage nach § 771 ZPO ist folglich auch begründet.

---

62 BGH NJW 1979, 976, 977; Palandt/Herrler § 854 Rn. 13; Palandt/Brudermüller § 1353 Rn. 6.
63 BGH NJW 1979, 976, 977.

Fall 12: Das Übergabesurrogat durch Abtretung des Herausgabeanspruchs nach § 931

2. Teil

Fall 12: Das Übergabesurrogat durch Abtretung des Herausgabeanspruchs nach § 931 (Grundfall)

Rentner F, der mittlerweile in Spanien lebt, ist Eigentümer eines Opel Kapitän, Baujahr 1959. Den Oldtimer hat er bei seinem Bruder (B) in Münster in Verwahrung gegeben, der den Wagen in seine Garage gestellt hat. Als F in finanzielle Schwierigkeiten gerät, verkauft er das Liebhaberstück zum stolzen Preis von 50.000 € an den Sammler S. Seinen Herausgabeanspruch gegen B tritt er an S ab. Zwei Tage später wird der Wagen aus der sicher abgeschlossenen Garage des B gestohlen. Daraufhin wendet sich S an seinen Sammlerrivalen R, dem er von den Geschehnissen berichtet und bietet ihm den Wagen für 25.000 € an, um wenigstens seinen Verlust in Grenzen zu halten. R, der das Risiko, dass der Wagen womöglich nie aufgefunden werden wird, bewusst übernimmt, ist einverstanden. S tritt ihm seine Ansprüche gegen den Dieb (D) ab.

Wer ist Eigentümer des Autos?

I. Ursprünglich stand der Wagen im **Eigentum** des F.

II. F könnte allerdings das Eigentum hieran nach **§§ 929 S. 1, 931** an S verloren haben. Dazu müssten sich der Veräußerer und der Erwerber über den Eigentumsübergang geeinigt haben und die Übergabe müsste durch ein Übergabesurrogat nach § 931 ersetzt worden sein.

1. F und S haben sich über den Eigentumsübergang gemäß **§ 929 S. 1 geeinigt**.

2. Es müsste ein Übergabesurrogat nach § 931 vereinbart werden. Dazu müsste ein **Dritter im Besitz der Sache** sein und der Veräußerer müsste dem Erwerber den **Herausgabeanspruch gegen den Dritten** abtreten.

Ist der Veräußerer mittelbarer Besitzer, kann die Übergabe durch Abtretung des Herausgabeanspruchs ersetzt werden. Dabei genügt die Abtretung des aus dem Besitzmittlungsverhältnis bestehenden Anspruchs.

a) Vorliegend besteht zwischen F und B ein Besitzmittlungsverhältnis gemäß § 868 im Form eines Verwahrungsvertrages nach §§ 688 ff. B ist als Dritter unmittelbarer Besitzer des Autos i.S.d. § 854.

b) F, als mittelbarer Besitzer, hat dem S seinen aus dem Verwahrungsvertrag gegen B zustehenden Herausgabeanspruch aus § 695 nach § 398 abgetreten, sodass die Übergabe gemäß § 931 ersetzt worden ist.

3. Zudem war F auch verfügungsbefugter Eigentümer und demgemäß zur Eigentumsübertragung **berechtigt**.

Zwei Tage vor dem Diebstahl ist also S Eigentümer des Autos geworden.

III. Eventuell hat S das Eigentum später durch eine Übereignung an R gemäß **§§ 929 S. 1, 931** verloren.

Dazu müssten sich der Veräußerer und der Erwerber über den Eigentumsübergang **einigen** und die Übergabe müsste durch ein **Übergabesurrogat** nach § 931 ersetzt werden.

1. S und R haben sich über den Eigentumsübergang nach **§ 929 S. 1 geeinigt**.

2. Es müsste ein **Übergabesurrogat nach § 931** vereinbart werden. Dazu müsste ein **Dritter im Besitz der Sache** sein und der Veräußerer müsste dem Erwerber den **Herausgabeanspruch gegen den Dritten** abtreten.

33

| 2. Teil | Rechtsgeschäftl. Übertragung des Eigentums an bewegl. Sachen durch d. Berechtigten |

a) Es müsste zunächst ein Dritter im **Besitz** der Sache sein. Hier hatte nach dem Diebstahl der Dieb D den unmittelbaren Besitz an dem Auto.

b) Eigentümer S müsste ferner einen **Herausgabeanspruch** gegen D haben.

Anmerkung:
Ein Herausgabeanspruch auf Grundlage eines Besitzmittlungsverhältnisses ist nicht erforderlich, da im Rahmen von § 931, wie sich aus dem Wortlaut ergibt, jeder Herausgabeanspruch genügt.[64]

Ein **vertraglicher Herausgabeanspruch** steht S, als Eigentümer des Wagens, mangels vertraglicher Beziehung zu D aus einem Besitzmittlungsverhältnis nach § 868 nicht zu. Zudem besitzt D nicht für den S, hat also auch keinen Fremdbesitzerwillen und ist mithin kein mittelbarer Besitzer.

Allerdings könnten S gegen D **gesetzliche Ansprüche auf Herausgabe** des Wagens zustehen.

aa) Vorliegend war S im Zeitpunkt des Diebstahls Eigentümer des Pkw, D war unmittelbarer Besitzer und hatte kein Recht zum Besitz, sodass S ein Herausgabeanspruch gegen D aus **§ 985** zustand.

bb) Daneben hat D den Tatbestand des **§ 823 Abs. 1** erfüllt, indem er das Eigentum des S verletzt hat. Der grundsätzlich auf **Naturalrestitution** gerichtete Schadensersatzanspruch gibt S nach § 249 Abs. 1 ebenfalls einen Herausgabeanspruch gegen D.

cc) Schließlich hat S gegen D noch einen Anspruch auf Herausgabe des rechtsgrundlos erlangten Wagens aufgrund einer Eingriffskondiktion nach **§ 812 Abs. 1 S. 1 Var. 2**.

Für das Übergabesurrogat nach § 931 ist es ausreichend, dass der Veräußerer seine sonstigen Herausgabeansprüche allesamt an den Erwerber abtritt, wenn er kein mittelbarer Besitzer ist. Auch wenn der Herausgabeanspruch aus § 985 nicht selbstständig abtretbar ist, so hat S dem R die sich aus § 823 Abs. 1 und § 812 Abs. 1 S. 1 Var. 2 ergebenden Herausgabeansprüche abgetreten und mithin die Übergabe nach § 931 ersetzt.

3. S war auch verfügungsbefugter Eigentümer und damit **Berechtigter**.

IV. S hat somit durch die Abtretung des Herausgabeanspruchs nach §§ 929 S. 1, 931 das Eigentum an dem Wagen verloren.

V. Mithin ist R nach §§ 929 S. 1, 931 Eigentümer des Wagens geworden.

---

64 Palandt/Herrler § 931 Rn. 3.

3. Teil: Der Erwerb vom Nichtberechtigten sowie der lastenfreie Erwerb

---

Fall 13: Die Übereignung beweglicher Sachen durch den Nichtberechtigten (Grundfall)

Der 15-jährige A leidet infolge chronischen Alkohol- und Drogenmissbrauchs unter suchtbedingten psychopathologischen Störungen, die zum vollständigen Abbau seiner Persönlichkeit geführt haben. In diesem Gefühl „geistiger Umnachtung" leiht er sich von seinem 18 Jahre alten Bruder B ein Mountainbike aus. Als er seine erste Fahrt unternimmt, wird er von seinem Nachbarn N angesprochen. N sucht schon seit längerer Zeit für seinen Sohn ein passendes Mountainbike und bietet dem A daher spontan an, das Fahrrad zu kaufen. A willigt ein, um sich den Erwerb eines eigenen Mountainbikes finanzieren zu können und übergibt daraufhin dem gutgläubigen N das Fahrrad.

Kann B das Mountainbike nach § 985 von N herausverlangen?

B könnte gegenüber N einen Anspruch auf Herausgabe des Mountainbikes aus § 985 haben

Dann müsste B Eigentümer des Mountainbikes und N dessen besitzrechtsloser Besitzer sein.

I. Ursprünglich gehörte das Mountainbike B.

B könnte sein **Eigentum** daran jedoch gemäß §§ 929 ff. an den N verloren haben.

1. Ein Eigentumserwerb des N vom Berechtigten B gemäß **§ 929 S. 1** scheidet mangels entsprechender dinglicher Einigung i.S.d. § 929 S. 1 zwischen B auf der einen Seite und N auf der anderen Seite aus.

2. Jedoch könnte N das Eigentum an dem Mountainbike vom Nichtberechtigten A gemäß **§§ 929 S. 1, 932 Abs. 1 S. 1** erworben haben.

a) Vorliegend haben sich N und A spontan über den Eigentumserwerb am Mountainbike i.S.d. § 929 S. 1 durch Abgabe zweier empfangsbedürftiger Willenserklärungen, Angebot und Annahme, **geeinigt**.

Fraglich ist jedoch, ob die dingliche Einigung zwischen N und A auch **wirksam** ist.

Eine Einigung ist ein formfreier abstrakter dinglicher Vertrag, der sich nur auf die Eigentumsübertragung zu beziehen braucht und auf den die Vorschriften des Allgemeinen Teils über Willenserklärungen und Verträge Anwendung finden.[65]

Erwerber und Veräußerer müssen daher im Sinne der §§ 104 ff. geschäftsfähig sein.

Infolge des chronischen Alkohol- und Drogenmissbrauchs leidet A unter suchtbedingten psychopathologischen Störungen, die zum vollständigen

Fehlt dem Eigentümer die Geschäftsfähigkeit oder der Veräußerungswille oder seinem Vertreter die Vertretungsmacht, so wird der gute Glaube des Erwerbers hieran nicht geschützt.

---

65 BGH NJW 2007, 2844; Palandt/Herrler § 929 Rn. 2.

Abbau seiner Persönlichkeit geführt haben, sodass er sich gemäß § 104 Nr. 2 in einem dauerhaften, die freie Willensbestimmung ausschließenden Zustand krankhafter Störung der Geistestätigkeit befindet.[66] Mithin ist der 15-jährige A geschäftsunfähig und infolgedessen ist seine Willenserklärung nach § 105 Abs. 1 nichtig.

Somit ist die dingliche Einigung i.S.d. § 929 S. 1 zwischen A und N unwirksam und liegt daher nicht vor.

b) Folglich hat N mangels wirksamer Einigung i.S.d. § 929 S. 1 auch nicht gutgläubig das Eigentum an dem Mountainbike nach §§ 929 S. 1, 932 Abs. 1 S. 1 vom Nichtberechtigten A erlangt.

B ist damit Eigentümer des Mountainbikes geblieben.

II. Des Weiteren ist N als Anspruchsgegner auch immer noch **unmittelbarer Besitzer der Sache i.S.d. § 854**.

III. Zudem hat N weder ein schuldrechtliches noch ein dingliches **Recht zum Besitz i.S.d. § 986** gegenüber dem Eigentümer B.

IV. Somit hat B gegenüber N einen Anspruch auf Herausgabe des Mountainbikes aus § 985.

---

66 Im Ergebnis ebenso: OLG Naumburg NJW 2005, 2017; Palandt/Ellenberger § 104 Rn. 5.

Fall 14: Übereignung bewegl. Sachen d. Nichtberechtigten im Falle der Stellvertretung

3. Teil

> **Fall 14: Die Übereignung beweglicher Sachen durch den Nicht-berechtigten im Falle der Stellvertretung**
>
> F, dessen Mitbewohner A und B den wohlverdienten Urlaub in Italien genießen, ist wieder einmal knapp bei Kasse. Da kommt ihm die Idee, das Mobilfunktelefon seines Mitbewohners A, welches dieser ihm gelie-hen hatte, zu veräußern. Auf seine Anzeige in der Studentenzeitschrift meldet sich X. Man einigt sich und X nimmt das Telefon mit. Da das ohne Probleme geklappt hat, entschließt sich F, auch den von B ausgeliehe-nen DVD-Player zu veräußern. Daraufhin meldet sich der Nachbar Y, dem F erklärt, dass das zwar nicht sein DVD-Player sei, jedoch sein Mit-bewohner B als Eigentümer ihn ermächtigt habe, diesen für B zu veräu-ßern. Er einigt sich mit Y im Namen des B und übergibt diesem den DVD-Player gegen Zahlung des Kaufpreises.
>
> Nachdem A und B aus Italien heimkehren, machen sie F schwere Vor-würfe und fragen den Jurastudenten J, welche Ansprüche ihnen zuste-hen. Welche Auskunft wird J erteilen?

A. Ansprüche des A

I. Anspruch aus § 985

A könnte gegenüber X einen Anspruch auf Herausgabe des Mobilfunktele-fons aus **§ 985** haben.

Dann müsste A Eigentümer und X besitzrechtsloser Besitzer sein.

1. Ursprünglich war A **Eigentümer** des Telefons.

A könnte sein Eigentum daran jedoch dann verloren haben, wenn F als Nichtberechtigter dem gutgläubigen X das Eigentum hieran nach §§ 929 S. 1, 932 Abs. 1 verschafft hat.

a) F und X haben sich wirksam **gemäß § 929 S. 1** über den Eigentumsüber-gang am Handy des A **geeinigt**.

b) F hat das Handy dem X auch **nach § 929 S. 1 übergeben**.

c) F war aber war weder **verfügungsbefugter Eigentümer** des Handys noch war er rechtsgeschäftlich oder gesetzlich **ermächtigt**, hierüber zu verfügen.

d) Somit könnte X das Eigentum nur vom Nichtberechtigten F nach den §§ 932 ff. erlangt haben. Dazu müsste ein **Rechtsgeschäft im Sinne eines Verkehrsgeschäfts** vorliegen, der Veräußerer müsste durch den **Rechts-schein des Besitzes** legitimiert sein und der Erwerber müsste **gutgläubig** sein. Zudem darf die **Sache nicht nach § 935 abhandengekommen** sein.

aa) Bei der Veräußerung von F an X handelt es sich um ein **Rechtsgeschäft im Sinne eines Verkehrsgeschäfts**.

bb) Auch ist der **Rechtsschein des Besitzes** (als Anknüpfungspunkt für den gutgläubigen Erwerb) beim Erwerber X gegeben.
Indem F dem X den unmittelbaren Besitz am Handy verschafft hat, beweist er seine Besitzverschaffungsmacht. Schließlich ist F in der Lage, eine Über-gabe i.S.d. § 929 S. 1 vorzunehmen.

37

| 3. Teil | Der Erwerb vom Nichtberechtigten sowie der lastenfreie Erwerb |

Beachte: Es wird von §§ 932 ff. nur der gute Glaube an die Eigentümerstellung des Veräußerers geschützt.[67] Sofern es das Gesetz ausdrücklich bestimmt (z.B. in § 366 Abs. 1 HGB) wird jedoch auch der gute Glaube an die Verfügungsbefugnis des Veräußerers geschützt.[68]

cc) X war vorliegend hinsichtlich der Eigentümerstellung des F gemäß § 932 Abs. 1 S. 1 **gutgläubig**; die nach § 932 Abs. 2 eingreifende Gutglaubensvermutung hat A nicht widerlegt.

dd) Auch war das Telefon **nicht gemäß § 935 Abs. 1 abhandengekommen**.

2. Folglich hat X das Eigentum am Telefon gutgläubig vom Nichtberechtigten nach §§ 929 S. 1, 932 Abs. 1 erlangt.

3. Somit steht A das Eigentum an dem Telefon nicht mehr zu, sodass er keinen Anspruch gegen X auf Herausgabe aus § 985 hat.

II. Anspruch aus § 816 Abs. 1 S. 1

A könnte aber einen Anspruch gegen F auf Herausgabe des von X erlangten Erlöses aus § 816 Abs. 1 S. 1 haben.

1. Wie zuvor bereits festgestellt, hat F als **Nichtberechtigter** über das Mobilfunktelefon eine **Verfügung** getroffen.

2. Diese Verfügung in Form der Eigentumsübertragung an X ist dem A, also **dem ursprünglich Berechtigten, gegenüber wirksam**, da X gemäß §§ 929 S. 1, 932 gutgläubig Eigentum erlangt hat.

3. A hat somit einen Anspruch auf Herausgabe des von X erlangten Erlöses aus § 816 Abs. 1 S. 1. Somit ist F zur Herausgabe des durch die Verfügung Erlangten, hier also des Kaufpreises, verpflichtet.

B. Ansprüche des B

I. Anspruch aus § 985

B könnte gegen Y einen Anspruch auf Herausgabe des DVD-Players aus § 985 haben.

Dann müsste B Eigentümer und Y besitzrechtsloser Besitzer sein.

1. Fraglich ist, ob B noch **Eigentümer** ist. Ursprünglich war er Eigentümer.

a) Er könnte das Eigentum an dem DVD-Player jedoch durch eine Veräußerung des Nichtberechtigten F gemäß **§§ 929 S. 1, 932 Abs. 1** an Y verloren haben. Dann müssten sich F und Y über den Eigentumsübergang i.S.d. § 929 S. 1 **geeinigt** haben. Vorliegend handelte F aber nicht im eigenen Namen, sondern im Namen des B. Da er offensichtlich nicht im eigenen Namen handelte, kommt ein Eigentumserwerb des Y von F selbst nicht in Betracht.

Die Gutglaubensvorschriften nach §§ 932 ff. können nur das fehlende Eigentum überwinden, aber nicht eine fehlende dingliche Einigung oder die fehlende Vertretungsmacht.

b) Y könnte das Eigentum am DVD-Player jedoch durch eine Übereignung des Berechtigten B nach **§ 929 S. 1** erlangt haben.

Auch die dingliche Einigung ist ein Rechtsgeschäft, bei dem die Regeln der Stellvertretung nach **§§ 164 ff.** gelten, sodass der Vertretene auch durch einen Vertreter eine Übereignung vornehmen kann.[69]

Dann müssten sich vorliegend B, vertreten durch F, und Y über den Eigentumsübergang i.S.d. § 929 S. 1 geeinigt haben.

---

67 Palandt/Herrler § 932 Rn. 8.
68 MüKo/Oechsler § 932 Rn. 9.
69 Palandt/Herrler § 929 Rn. 23; MüKo/Oechsler § 929 Rn. 39.

Fall 14: Übereignung bewegl. Sachen d. Nichtberechtigten im Falle der Stellvertretung

Vorliegend hat F zwar eine eigene Willenserklärung im Namen des B abgegeben, allerdings hatte er **keine Vertretungsmacht**. Auch sind keine Anhaltspunkte für eine Rechtsscheinsvollmacht gegeben. Somit hat F die Willenserklärung nicht gemäß § 164 Abs. 1 S. 1 mit Wirkung für und gegen den B abgegeben und gemäß § 164 Abs. 3 angenommen, sodass es an einer dinglichen Einigung zwischen Y und B fehlt.

Y hat folglich nicht das Eigentum vom Berechtigten B erlangt.

c) In Betracht kommt jedoch ein Eigentumserwerb des Y von B nach den **§§ 929 S. 1, 932 Abs. 1 S. 1.**

Allerdings fehlt es hier bereits an einer wirksamen dinglichen Einigung zwischen Y und B (s.o.). Schließlich konnte F ohne entsprechende Vertretungsmacht den B nicht wirksam vertreten.

Da die §§ 932 ff. nur den guten Glauben an das fehlende Eigentum schützen,[70] kann die fehlende Vertretungsmacht eines für den Vertretenen handelnden Vertreters auch nicht durch die §§ 932 ff. geheilt werden.

Folglich ist B Eigentümer des DVD-Players geblieben.

2. Y ist **unmittelbarer Besitzer** des DVD-Players, § 854 Abs. 1.

3. Y steht auch **kein Recht zum Besitz** zu.

II. B hat gegen Y einen Anspruch auf Herausgabe des DVD-Players aus § 985.

---

70 Palandt/Herrler § 932 Rn. 8; MüKo/Oechsler § 932 Rn. 9.

Fall 15: Rechtsgeschäft im Sinne eines Verkehrsgeschäfts

Der in Spanien lebende und reiche Geschäftsmann F, der sich aus dem operativen Geschäft zurückgezogen hat, ist Alleingesellschafter der in Deutschland ansässigen F-GmbH, die sich insbesondere im Autohandel einen Namen gemacht hat. Der Geschäftsführer G der F-GmbH erwirbt von der Daimler AG (D-AG) 10 Fahrzeuge des Typs Mercedes AMG GT unter Eigentumsvorbehalt für die F-GmbH, um sie später weiterzuveräußern. Um dem F sein wirtschaftliches Geschick zu demonstrieren und um ihm zugleich auch zu imponieren, bietet er diesem eines der Autos sehr günstig zum Kauf an. Der gutgläubige F, der sich genau einen solchen Wagen zulegen wollte, ist einverstanden. Man einigt sich auf den Eigentumsübergang. Der Wagen wird F übergeben. Kurze Zeit danach wird bei F eine schwere Krankheit diagnostiziert. Da er nicht weiß, wie lange er noch zu leben hat, überträgt er im Wege der vorweggenommenen Erbfolge den Großteil seines Vermögens – inklusive des Wagens – auf seinen ebenfalls gutgläubigen Sohn S.

Wer ist Eigentümer des Wagens, wenn der Kaufpreis an die D-AG noch nicht gezahlt worden ist?

I. Ursprünglich stand der Wagen im Eigentum der D-AG.

Fraglich ist zunächst, ob die D-AG durch die – auf den nach §§ 433, 449 Abs. 1 geschlossenen Eigentumsvorbehaltskaufvertrag gestützte – aufschiebend auf die Kaufpreiszahlung bedingte Übereignung an die F-GmbH nach **§§ 929 S. 1, 158 Abs. 1** das Eigentum an dem Wagen verloren hat.

Dies ist jedoch mangels Bedingungseintritt bislang nicht der Fall; schließlich sollte die D-AG bis zur vollständigen Kaufpreiszahlung Eigentümerin bleiben.[71]

II. Die D-AG könnte jedoch das Eigentum an dem Wagen durch eine von G im Namen der F-GmbH nach **§§ 929 S. 1, 932 Abs. 1 S. 1** zugunsten des F vorgenommene Übereignung verloren haben.

Für eine Übereignung nach § 929 S. 1 müssten sich der Veräußerer und der Erwerber über den Eigentumswechsel einigen, die Einigung durch die Übergabe vollziehen und der Veräußerer müsste zur Eigentumsübertragung berechtigt sein.

1. Dann müssten sich die F-GmbH und F **über den Eigentumsübergang nach § 929 S. 1 geeinigt** haben.
Vorliegend haben sich F und G, der gemäß § 35 Abs. 1 GmbHG die F-GmbH wirksam vertreten hat, über den Eigentumsübergang geeinigt. Diese Einigung wirkt damit gemäß § 164 Abs. 1 S. 1, Abs. 3 auch für und gegen die F-GmbH.
Mangels entgegenstehender Anhaltspunkte ist die Einigung auch wirksam.

---

71 Vgl. dazu Palandt/Herrler § 929 Rn. 27.

Mithin ist eine wirksame Einigung über den Eigentumsübergang an dem Wagen nach § 929 S. 1 gegeben.

2. Der Wagen ist an F auch **gemäß § 929 S. 1 übergeben** worden.

3. Die F-GmbH müsste auch **Berechtigte hinsichtlich der Eigentumsübertragung** des Autos sein.

Zur Eigentumsübertragung ist nur der wahre Rechtsinhaber, also der verfügungsbefugte Eigentümer oder der verfügungsbefugte Nichteigentümer, der vom wahren Rechtsinhaber zur Verfügung gemäß § 185 Abs. 1 ermächtigt oder aber gesetzlich verfügungsbefugt ist, berechtigt.[72] Zum Zeitpunkt der Übergabe war die F-GmbH als Veräußerin jedoch nicht Eigentümerin, sondern vielmehr die D-AG. Die F-GmbH hat durch die bedingte Übereignung nach §§ 929 S. 1, 158 Abs. 1 nur ein Anwartschaftsrecht an dem Wagen erworben.[73]

Hinzu kommt, dass auch eine sonstige Berechtigung der F-GmbH bezüglich des Eigentums am Pkw nicht ersichtlich ist, sodass die F-GmbH über das Eigentum als Nichtberechtigte verfügt hat. Ein Eigentumserwerb des F vom Berechtigten nach § 929 S. 1 ist folglich nicht möglich.

4. Möglicherweise könnte F aber das Eigentum nach **§§ 929 S. 1, 932 Abs. 1 S. 1 gutgläubig vom Nichtberechtigten** erlangt haben.

Da diese Vorschriften den Rechtsverkehr bei **rechtsgeschäftlichen** Verfügungen über das Eigentum schützen sollen, setzt ein gutgläubiger Erwerb ein **Rechtsgeschäft im Sinne eines Verkehrsgeschäfts** voraus.

Sinn und Zweck der §§ 932 ff. ist es, den Interessenkonflikt zwischen dem Bestandsinteresse des Eigentümers am Erhalt seines Eigentums und dem Interesse des Rechtsverkehrs an der Leichtigkeit des Rechtsverkehrs, der auf einen dauerhaften Rechtserwerb gerichtet ist, zu lösen. Der Erwerber soll im Regelfall nicht umständlicherweise zunächst die Berechtigung seines Veräußerers prüfen müssen, um Eigentum zu erlangen. Daher kann das Eigentum unter bestimmten Voraussetzungen auch vom Nichtberechtigten erworben werden.

Der Vorrang der Interessen des Rechtsverkehrs ist aber nur dann gerechtfertigt, wenn der **„Rechtsverkehr"** am Geschäft beteiligt ist. Das ist jedoch gerade nicht der Fall, wenn es sich bei dem Geschäft wertungsmäßig lediglich um einen „Innenumsatz" handelt, also **wirtschaftlich** gesehen eine **Personenidentität** auf Veräußerer- und Erwerberseite vorliegt.[74]

Hier steht auf Veräußererseite die F-GmbH, deren alleiniger Gesellschafter F selbst ist. Auf der Erwerberseite steht wiederum der F, sodass eine wirtschaftliche Personenidentität vorliegt. Die Anwendung der Vorschriften über den gutgläubigen Erwerb dürfen aber nicht dazu führen, dass letztlich zumindest in tatsächlicher Hinsicht der Nichtberechtigte selbst Eigentum erwirbt.[75]

*§§ 932 ff. schützen nur den guten Glauben im **rechtsgeschäftlichen** Verkehr; daher gibt es auch keinen Gutglaubenserwerb beim gesetzlichen Erwerb (Bsp.: Universalsukzession, § 1922).*

---

72 BGH NJW 2004, 365; Palandt/Herrler vor § 929 Rn. 4 ff.; MüKo/Oechsler § 929 Rn. 43 ff.; Habersack Ex-Rep Sachenrecht Rn. 140.

73 Vgl. dazu Palandt/Herrler § 929 Rn. 38.

74 Medicus/Petersen, Bürgerliches Recht, Rn. 548; Schreiber/Burbulla Jura 1999, 150, 152; Zeranski JuS 2002, 341.

75 MüKo/Oechsler § 932 Rn. 34.

Somit handelt es sich bei dieser konkreten Veräußerung nicht um ein Rechtsgeschäft im Sinne eines Verkehrsgeschäfts, sodass auch ein Eigentumserwerb vom Nichtberechtigten – trotz Gutgläubigkeit des F – nach §§ 932 ff. nicht möglich ist.

F ist mithin nicht Eigentümer des Wagens geworden, sondern die D-AG ist vielmehr Eigentümerin des Wagens geblieben.

III. Möglicherweise hat die D-AG das Eigentum am Pkw aber nach **§§ 929 S. 1, 932 Abs. 1 S. 1** dadurch verloren, dass F im Wege der vorweggenommenen Erbfolge auch dieses auf seinen Sohn S übertragen wollte und ihm den Wagen übergab.

1. Die Voraussetzungen eines rechtsgeschäftlichen Eigentumserwerbs nach **§ 929 S. 1** liegen – von der Berechtigung des F einmal abgesehen – vor.

2. S könnte das Eigentum am Wagen Pkw daher nur vom Nichtberechtigten F nach **§§ 929 S. 1, 932 Abs. 1 S. 1** erlangt haben.

Dann müsste es sich bei der konkreten Übertragung des Eigentums um ein **Rechtsgeschäft im Sinne eines Verkehrsgeschäfts** handeln.

Das ist aber gerade nicht der Fall bei Rechtsgeschäften, die lediglich eine **Vorwegnahme der Erbfolge** darstellen. Ein solcher rechtsgeschäftlicher Erwerb ist wie ein Erwerb im Wege der Universalsukzession zu behandeln. Hier verdient der Erwerber keinen Schutz, weil ihm auch der gesetzliche Erwerb durch Erbgang keine bessere Rechtsstellung verschafft hätte und daher ebenfalls kein Verkehrsgeschäft darstellt.

Folglich hat S auch nicht vom Nichtberechtigten F gemäß §§ 929 S. 1, 932 Abs. 1 S. 1 das Eigentum am Wagen erworben.

IV. Daher ist die D-AG Eigentümerin des Wagens geblieben.

Fall 16: Der gutgläubige Scheingeheißerwerb nach §§ 929 S. 1, 932 Abs. 1 S. 1
(BGH, Urt. v. 14.03.1974 – VII ZR 129/73, BGH NJW 1974, 1132 ff.)

E, ein erfolgreicher Hemdenfabrikant, vereinbart mit X, dass dieser in Zukunft für ihn gegen Provisionszahlungen Hemden veräußern soll. X, der wegen angehäufter Spielschulden schnellstmöglich an Geld kommen will, verkauft im eigenen Namen 20.000 Hemden an Y. Wie mit X vereinbart, holt Y die Hemden bei E ab. Dabei geht E davon aus, dass X die Hemden in seinem Namen, also im Namen des E, an Y verkauft hat. Y zahlt den Kaufpreis an X, der damit seine Schulden begleicht. Als E von den Geschehnissen Kenntnis erlangt, verlangt er von Y Zahlung des Kaufpreises oder jedenfalls Herausgabe der Hemden.

Zu Recht?

A. Anspruch aus § 433 Abs. 2

E könnte gegen Y einen Anspruch auf Zahlung des Kaufpreises gemäß § 433 Abs. 2 haben.

Dann müsste zwischen E und Y ein wirksamer Kaufvertrag zustande gekommen sein.

I. Ein Kaufvertrag nach **§ 433** ist zwischen E und Y direkt weder ausdrücklich noch konkludent geschlossen worden.

II. Jedoch haben sich X und Y i.S.d. § 433 geeinigt und demgemäß einen Kaufvertrag geschlossen. Die von X im Rahmen dieser Einigung abgegebene Willenserklärung wirkt gemäß **§ 164 Abs. 1 S. 1** für und gegen den E, wenn E wirksam von X vertreten worden ist.

Vorliegend hat X zwar eine eigene Willenserklärung abgegeben, aber nicht in fremdem, sondern **im eigenen Namen** gehandelt. Tritt der Wille, in fremdem Namen zu handeln, nicht erkennbar hervor, so kommt zudem nach § 164 Abs. 2 BGB der Mangel des Willens im eigenen Namen zu handeln nicht in Betracht. Das bedeutet, dass im Zweifel ohnehin ein Eigengeschäft vorliegt.

Demnach ist kein Kaufvertrag zwischen E und Y zustande gekommen. Ein Anspruch des E gegen Y nach § 433 Abs. 2 ist nicht gegeben.

B. Anspruch aus § 985

Jedoch könnte E einen Anspruch auf Herausgabe der 20.000 Hemden gegen Y aus § 985 haben.

Dann müsste E Eigentümer und Y besitzrechtsloser Besitzer der Hemden sein.

I. Ursprünglich stand das **Eigentum** an den Hemden dem E als deren Hersteller zu. Jedoch könnte E das Eigentum daran nach § 929 S. 1 an Y verloren haben.

1. Dann müsste eine **dingliche Einigung i.S.d. § 929 S. 1** hinsichtlich des Eigentumswechsels an den Hemden getroffen worden sein.

a) In Betracht kommt zunächst eine solche Einigung **zwischen E und Y**. E und Y könnten sich im Zeitpunkt der Abholung der Hemden durch Y konkludent geeinigt haben.

Voraussetzung hierfür ist, dass E nach dem objektiven Empfängerhorizont, also aus der Sicht des Y, eine entsprechende Willenserklärung, die auf eine direkte Übertragung des Eigentums durch ihn auf Y gerichtet ist, abgegeben hat. Aus der Sicht des Y hat E aber keinen Grund, ihm das Eigentum an den Hemden direkt zu übertragen. Vielmehr ging Y davon aus, dass X den E zur Aushändigung der Hemden angewiesen hatte, um seine Pflichten aus dem geschlossenen Kaufvertrag zu erfüllen. Aus der Sicht des Y lag daher keine Willenserklärung des E gerichtet auf die unmittelbare Übertragung des Eigentums vor, sodass auch eine Einigung i.S.d. § 929 S. 1 zwischen E und Y nicht geschlossen worden ist.

b) Es könnte vorliegend aber eine dingliche Einigung **zwischen X und Y** gegeben sein.
Eine ausdrückliche Einigung über den Eigentumsübergang liegt nicht vor. Es könnte aber eine **stillschweigende antizipierte**, d.h. vorweggenommene, **Einigung** über den Eigentumsübergang zwischen X und Y **im Zeitpunkt des Abschlusses des Kaufvertrages** vorliegen *(vgl. Fall 6)*.
X hat sich Y gegenüber verpflichtet, unbedingtes Eigentum an den Hemden zu übertragen. Um dieser Pflicht nachzukommen, sollte Y in der Weise mitwirken, dass er die Hemden bei E abholt. Die Übereignung sollte sich also mit der tatsächlichen Aushändigung vollziehen, ohne dass sich die Parteien nochmals einigen wollten.
Demnach haben sich X und Y über den Eigentumsübergang an den Hemden i.S.d. § 929 S. 1 geeinigt.

2. Des Weiteren müsste eine **Übergabe** i.S.d. § 929 S. 1 vorliegen.

a) Erwerber Y hat den unmittelbaren **Besitz** gemäß § 854 Abs. 1 an den Hemden erlangt.

b) Fraglich ist, ob dies **auf Veranlassung des X** erfolgte.
Dies ist indes zweifelhaft, da X selbst nie – weder mittelbaren noch unmittelbaren – Besitz an den Hemden hatte. Jedoch haben **Besitz und Besitzverschaffungsmacht** die gleiche Publizitätswirkung.[76] Ausreichend ist es daher, wenn aufseiten des jeweiligen Veräußerers eine **Geheißperson**, die zur Besitzverschaffung rein tatsächlich in der Lage ist, tätig wird und dem Erwerber den Besitz überträgt.

X stand als Veräußerer eine solche Besitzverschaffungsmacht tatsächlich aber nicht zu. Im Verhältnis zum Fabrikanten E hatte er keine Weisungsmacht. Vielmehr war vereinbart, dass X im Namen des E als Vertreter auftreten sollte. Es sollte aber keine Verbindlichkeit des X selbst begründet werden, die dieser dann durch eine Anweisung an den Zuwendenden E gegenüber seinem Vertragspartner erfüllen wollte. E wollte durch die Aushändigung der Ware eine eigene Verbindlichkeit tilgen. X konnte daher die Besitzverschaffung nur dadurch veranlassen, dass er einen Irrtum des E ausnutzte. Eine Besitzverschaffungsmacht[77] hatte er tatsächlich aber nicht.

---

76 Vgl. MüKo/Oechsler § 932 Rn. 17.
77 Vgl. dazu auch BGH NJW 1962, 299, 300; MüKo/Oechsler § 932 Rn. 16.

aa) Einer Ansicht nach wird in derartigen Fallkonstellationen auf die Sachlage **aus der Sicht des Zuwendenden**, hier des E, abgestellt und eine Übergabe i.S.d. § 929 S. 1 abgelehnt.[78]
Nur wenn sich die Geheißperson tatsächlich und bewusst dem Willen des Veräußerers unterordne, könne von einer Besitzverschaffungsmacht und daher von einem Besitzerwerb auf Veranlassung des Weisungsberechtigten ausgegangen werden. Wenn der Übertragende nur als Geheißperson erscheine **(Scheingeheißperson)**, liege keine Übergabe i.S.d. § 929 S. 1 vor. Hiernach käme ein Eigentumserwerb des Y mangels Übergabe i.S.d. § 929 S. 1 nicht in Betracht. E wäre Eigentümer der Hemden geblieben.

bb) Einer anderen Ansicht nach ist jedoch nicht auf den inneren Willen des Übertragenden abzustellen, sondern vielmehr auf den **Empfängerhorizont des Erwerbers**.[79] Entscheidend ist hiernach, ob Y davon ausgehen durfte, dass sich E der Weisungsmacht des X unterworfen hatte. Vorliegend hat E aus der Sicht des Y die Zuwendung der Hemden vorgenommen, um die Eigentumsübertragungspflicht des X aus § 433 Abs. 1 S. 1 ihm gegenüber zu erfüllen. **Daher war E aus der Sicht des Y eine Geheißperson (Scheingeheißperson) des veräußernden X.** Hiernach ist dies ausreichend, um eine von X veranlasste Übergabe i.S.d. § 929 S. 1 anzunehmen.

cc) Da die dargestellten Ansichten zu unterschiedlichen Ergebnissen gelangen, ist eine Streitentscheidung erforderlich.
Für die zweite Ansicht spricht insbesondere der Verkehrsschutz. Die Besitzübertragung auf Y ist rein tatsächlich von X veranlasst worden, auch wenn sich E dem Geheiß des X nicht unterworfen hat. Der Irrtum des E war für den Y jedoch nicht erkennbar. Grundsätzlich wird im Rahmen der Rechtsgeschäftslehre auch sonst auf den objektiven Empfängerhorizont abgestellt und nicht auf den subjektiven Willen des Erklärenden. Schließlich spricht für diese Auffassung auch die Parallele zu den Anweisungsfällen in bereicherungsrechtlichen Mehrpersonenverhältnissen, wo es auch maßgeblich auf die Sicht des jeweiligen Zuwendungsempfängers ankommt.

Mithin ist der letztgenannten Ansicht zu folgen, sodass der Besitzerwerb als auf Veranlassung des X erfolgt anzusehen ist.

c) Da X nie eine **besitzrechtliche Position** inne hatte, kann eine solche bei ihm auch **nicht verblieben** sein. Ob ein Wechsel des unmittelbaren Besitzes erfolgen muss, kann dahinstehen, da vorliegend dieser von E auf Y übergegangen ist.

3. Des Weiteren müsste X zur Übertragung des Eigentums an den Hemden auf Y **berechtigt** gewesen sein.

Zur Eigentumsübertragung ist nur der verfügungsbefugte Eigentümer oder der verfügungsbefugte Nichteigentümer, der vom wahren Rechtsinhaber zur Verfügung gemäß § 185 Abs. 1 ermächtigt oder aber gesetzlich verfügungsbefugt ist, berechtigt.[80]

---

78 MüKo/Oechsler § 932 Rn. 16 ff.; Palandt/Herrler § 932 Rn. 4; Medicus/Petersen, Bürgerliches Recht Rn. 564; Jauernig/Berger § 932 Rn. 13.

79 BGHZ 36, 56, 60, 61; BGH NJW 1974, 1132, 1134; MüKo/Oechsler § 932 Rn. 16 f.; Wieling Jura 1980, 322, 326.

80 BGH NJW 2004, 365; Palandt/Herrler vor § 929 Rn. 4 ff.; MüKo/Oechsler § 929 Rn. 43 ff.; Habersack Ex-Rep Sachenrecht Rn. 140.

E war Eigentümer der Hemden und hatte den X nicht zur Übertragung des Eigentums nach § 185 Abs. 1 ermächtigt.

Folglich hat X als Nichtberechtigter über das Eigentum verfügt.

4. Somit kann Y mangels Berechtigung des X nur unter den Voraussetzungen der **§§ 929 S. 1, 932 Abs. 1 S. 1 gutgläubig vom Nichtberechtigten** Eigentum erworben haben.

a) Ein **Rechtsgeschäft im Sinne eines Verkehrsgeschäfts** ist gegeben.

b) Weiterhin müsste die grundsätzlich **mit dem Besitz verknüpfte Vermutung der Rechtsträgerschaft und der daraus folgenden Berechtigung (Rechtsschein des Besitzes)** vorliegen.
Zwar hatte X tatsächlich keine besitzrechtliche Position an den Hemden, sodass er sich auch nicht auf den Rechtsschein des Besitzes berufen kann. Aber es liegt, wie bereits ausgeführt, auch dann eine Übergabe auf Veranlassung des Veräußerers zum Zwecke der Eigentumsverschaffung vor, wenn der Erwerber seinen Besitz von einer Rechtsscheinsgeheißperson erlangt. Denn, wenn die erforderliche besitzrechtliche Position bereits im Rahmen der Übergabe durch eine aus der Sicht des Erwerbers zurechenbar veranlasste Weisungsmacht an einen Dritten, dem Erwerber den Besitz zu übertragen, ersetzt werden kann, muss dies auch im Rahmen des gutgläubigen Erwerbes gemäß §§ 929 S. 1, 932 Abs. 1 gelten.[81] Ein Rechtsschein der Rechtsinhaberschaft des X ist demnach gegeben.

c) Y war hinsichtlich der Eigentümerstellung des X auch nach § 932 Abs. 2 **gutgläubig**.

d) Ferner sind die Hemden nicht nach § 935 Abs. 1 **abhandengekommen**. Hier hat E den unmittelbaren Besitz an den Hemden bewusst und gewollt auf Y übertragen. Zwar erfolgte dies irrtumsbedingt, was aber insoweit unbeachtlich ist, als dass der Besitzübertragungswille kein Rechtsgeschäft darstellt und daher auch nicht anfechtbar ist.[82] Irrtum und Täuschung begründen keine Unfreiwilligkeit.[83]

II. Mithin hat Y das Eigentum an den Hemden vom Nichtberechtigten X gemäß §§ 929 S. 1, 932 Abs. 1 S. 1 erlangt, sodass E sein Eigentum daran verloren hat.

III. Folglich hat E keinen Anspruch gegenüber Y auf Herausgabe der Hemden aus § 985.

C. Anspruch aus § 861

E könnte gegen Y einen Anspruch auf Wiedereinräumung des Besitzes aus § 861 haben.

Dann müsste dem E sein Besitz ohne seinen Willen entzogen worden sein, also eine **verbotene Eigenmacht** gemäß § 858 Abs. 1 vorliegen. Dies ist aber nicht der Fall, da E seinen Besitz an Y freiwillig und willentlich herausgab. Maßgeblich ist hierbei allein der tatsächliche Besitzaufgabewille. Unerheblich ist auch in diesem Zusammenhang, dass E einem Irrtum unterlag.

---

81 MüKo/Oechsler § 932 Rn. 17.
82 Palandt/Herrler § 935 Rn. 5.
83 RGZ 101, 225; Palandt/Herrler § 935 Rn. 5.

D. Anspruch aus § 1007 Abs. 1

Ein Herausgabeanspruch aus § 1007 Abs. 1 scheitert bereits daran, dass Y Eigentümer geworden ist. Dies kann aus § 1007 Abs. 1 S. 1 Hs. 2 Var. 1 geschlossen werden.

E. Anspruch aus § 823 Abs. 1

Ein Herausgabeanspruch wegen einer Eigentumsverletzung aus § 823 Abs. 1 im Wege der Naturalrestitution nach § 249 Abs. 1 scheidet schon deswegen aus, weil die §§ 932 ff. den gutgläubigen Erwerb von Fremdeigentum vorsehen, also der Entzug des Eigentums durch diese Weise gerechtfertigt ist. Außerdem war Y gutgläubig, sodass er auch nicht schuldhaft gehandelt hat.

F. Anspruch aus § 812 Abs. 1 S. 1 Var. 1

Des Weiteren kommt ein Anspruch des E gegen Y auf Rückgabe und Rückübereignung der Hemden aus § 812 Abs. 1 S. 1 Var. 1 in Betracht.

I. Y hat Besitz und Eigentum an den Hemden und damit **„etwas"** i.S.d. § 812 Abs. 1 **erlangt**.

II. Dies müsste **durch Leistung** geschehen sein. Leistung ist die bewusste und zweckgerichtete Mehrung fremden Vermögens, wobei der Leistungszweck in der Erfüllung einer Verbindlichkeit besteht.

1. Vorliegend **wollte E** an Y leisten, um seine vermeintlichen Verpflichtungen nach § 433 Abs. 1 S. 1 aus dem von X angeblich vermittelten Kaufvertrag zu erfüllen.

2. Aus der Sicht des Y lag aber in der Zuwendung des E eine Leistung des X vor, die lediglich durch die Anweisung an E auf die Verpflichtung des X gegenüber Y bezogen war. Für Y tritt nicht E als Leistender auf, sondern sein Vertragspartner X.

Nach nahezu einhelliger Ansicht[84] ist für die Festlegung der Leistungsbeziehungen auf den Empfängerhorizont abzustellen, sodass Y hier annehmen durfte, dass E keine eigene, sondern nur eine fremde, nämlich die Verbindlichkeit des X aus § 433 Abs. 1 S. 1 erfüllen wollte.

III. Damit fehlt es an einer Leistung des E an Y, sodass auch ein Anspruch aus § 812 Abs. 1 S. 1 Var. 1 nicht gegeben ist.

G. Anspruch aus § 812 Abs. 1 S. 1 Var. 2

Des Weiteren scheidet auch ein Anspruch auf Rückgabe und Rückübereignung der Hemden aus § 812 Abs. 1 S. 1 Var. 2 aus.

Mit Blick auf die Leistung des X an Y greift der Grundsatz des Vorrangs der Leistungskondiktion[85] ein, sodass die **Nichtleistungskondiktion** aus § 812 Abs. 1 S. 1 Var. 2 **subsidiär** ist.

Bei einer vorrangigen Leistungsbeziehung ist die Nichtleistungskondiktion subsidiär.

---

84 Palandt/Sprau § 312 Rn. 14.
85 Ausführlich zur Subsidiaritätslehre: Staudinger/Lorenz § 812 Rn. 1–8; Lorenz JuS 2003, 839, 844 f.; *AS-Basiswissen Gesetzliche Schuldverhältnisse (2018), S. 37 f.*

| 3. Teil | Der Erwerb vom Nichtberechtigten sowie der lastenfreie Erwerb |

Fall 17: Der gutgläubige Erwerb bei Vereinbarung eines Übergabe-surrogats nach §§ 929 S. 1, 930, 933 und nach §§ 929 S. 1, 931, 934 (Der Fräsmaschinenfall)
(BGH, Urt. v. 27.03.1968 – VIII ZR 11/66, BGHZ 50, 45 ff.)

Der Maschinengroßhändler V verkauft dem Hobbyhandwerker K eine Fräsmaschine unter Eigentumsvorbehalt. Da K wieder einmal vom Wettfieber gepackt wird, kann er den vereinbarten Kaufpreis nicht zahlen. Stattdessen übereignet er die Maschine zur Sicherheit an seinen Kreditgeber G dergestalt, dass K die Maschine weiterhin behalten darf. G vereinbart seinerseits mit dem X, dass das Eigentum an der Fräsmaschine auf ihn übergehen soll und tritt ihm seine Ansprüche aus dem Sicherungsvertrag zwischen ihm und K ab.

Hat X das Eigentum an der Fräsmaschine erworben?

Hier sollte beim Aufbau der Prüfung nicht chronologisch vorgegangen werden, weil die Fallfrage eindeutig auf X allein abstellt. Daher sollte mit inzidenten Prüfungen gearbeitet werden.

X könnte das Eigentum an der Maschine nach §§ 929 S. 1, 931 von G erlangt haben.

I. G und X haben sich gemäß **§ 929 S. 1** über den Übergang des Eigentums wirksam **geeinigt**.

II. Mangels Übergabe der Maschine i.S.d. § 929 S. 1 bzw. § 929 S. 2 könnte zwischen X und G ein **Übergabesurrogat** vereinbart worden sein.

Hier haben G und X vertraglich gemäß § 398 S. 1 die Abtretung der Ansprüche aus dem Verhältnis des G mit K vereinbart. Somit kommt das Übergabesurrogat des **§ 931**, die **Abtretung eines Herausgabeanspruchs** des G gegenüber K, in Betracht.

1. Vorliegend haben K und G eine Sicherungsübereignung der Maschine nach §§ 929 S. 1, 930 vorgenommen. Unabhängig davon, ob die Sicherungsübereignung als solche wirksam gewesen ist, bildet hierfür den Rechtsgrund, also den schuldrechtlichen Verpflichtungsgrund, ein der Sicherungsübereignung zugrundeliegender **Sicherungsvertrag** (§ 311 Abs. 1).[86] Aus dem Sicherungsvertrag, der zwischen G und K geschlossen wurde, folgt ein **vertraglicher Herausgabeanspruch** des G gegenüber K, der **durch den Eintritt des Sicherungsfalls**, also durch die Nichtleistung des K, **aufschiebend bedingt** ist.

2. Diesen, nach § 158 Abs. 1 aufschiebend bedingten, Herausgabeanspruch aus dem Sicherungsvertrag hat G an X wirksam nach § 398 S. 1 abgetreten (s.o.) und damit **jegliche besitzrechtliche Position verloren**.

III. Fraglich ist aber, ob G auch zur Übertragung des Eigentums an X **berechtigt** gewesen ist.

Zur Eigentumsübertragung ist nur der wahre Rechtsinhaber, also der verfügungsbefugte Eigentümer oder der verfügungsbefugte Nichteigentümer, der vom wahren Rechtsinhaber zur Verfügung gemäß § 185 Abs. 1 ermächtigt oder aber gesetzlich verfügungsbefugt ist, berechtigt.[87]

---

86 BGH NJW 1994, 2885, 2886; Palandt/Herrler § 930 Rn. 15.
87 BGH NJW 2004, 365; Palandt/Herrler vor § 929 Rn. 4 ff.; MüKo/Oechsler § 929 Rn. 43 ff.; Habersack Ex-Rep Sachenrecht Rn. 140.

Fall 17: Gutgläubiger Erwerb bei Vereinbarung eines Übergabesurrogats nach §§ 929 ff.

3. Teil

G ist verfügungsbefugter Eigentümer, wenn er das Eigentum an der Maschine von K nach § 929 S. 1 erlangt hat.

1. G und K haben sich wirksam gemäß **§ 929 S. 1** über den Übergang des Eigentums **geeinigt**.

2. Eine **Übergabe** nach **§ 929 S. 1** von K an G liegt nicht vor, weil K im unmittelbaren Besitz der Maschine blieb, also nicht jeglichen Besitz hieran verloren hat.

Die Übergabe könnte aber durch die Vereinbarung eines Besitzkonstituts gemäß § 930 ersetzt worden sein. G und K haben einen Sicherungsvertrag geschlossen. Aufgrund dieser Abrede wurde G mittelbarer Besitzer und hatte einen, wenn auch durch die Nichtleistung des K aufschiebend bedingten, Herausgabeanspruch gegen K, der die Maschine fortan für G, also mit Fremdbesitzerwillen, besaß. Nach h.M. wird daher die Sicherungsabrede als hinreichend bestimmtes Besitzkonstitut i.S.d. § 930 angesehen.[88]

3. Allerdings war K **nicht berechtigt**, das Eigentum an G zu übertragen. Er hatte die Maschine nach §§ 433, 449 Abs. 1 unter (einfachem) Eigentumsvorbehalt gekauft. Die Übereignung der Maschine an K war daher gemäß §§ 929 S. 1, 158 Abs. 1 unter der aufschiebenden Bedingung der vollständigen Kaufpreiszahlung erfolgt.[89] K hat den Kaufpreis noch nicht vollständig gezahlt und hat demgemäß noch kein Eigentum erlangt und somit als Nichtberechtigter gehandelt.

4. Möglicherweise hat G das Eigentum an der Maschine aber **gutgläubig nach §§ 929 S. 1, 930, 933 vom Nichtberechtigten** K erlangt.

a) Ein **Rechtsgeschäft im Sinne eines Verkehrsgeschäfts** ist gegeben.

b) Für den **Rechtsschein des Besitzes** müssen bei einer angestrebten Übereignung nach § 930 die Voraussetzungen des **§ 933** vorliegen. Demnach müsste die Maschine vom Veräußerer K an G **übergeben** worden sein. Der Begriff der Übergabe in § 933 ist identisch mit dem Begriff der Übergabe in § 929 S. 1.[90]
Mangels Besitzverlust aufseiten des K, der unmittelbarer Besitzer geblieben ist, liegt jedoch keine Übergabe i.S.d. § 929 S. 1 vor, sodass die Voraussetzungen des § 933 nicht vorliegen und damit ein gutgläubiger Erwerb des Eigentums durch G nicht in Betracht kommt.

Folglich hat G bei der angestrebten Übertragung des Eigentums an X als Nichtberechtigter gehandelt.

IV. Möglicherweise hat X aber das Eigentum an der Fräsmaschine gemäß **§§ 929 S. 1, 931, 934** gutgläubig vom Nichtberechtigten G erlangt.

1. Die Verfügung von G an X ist ein **Rechtsgeschäft im Sinne eines Verkehrsgeschäfts**.

2. Dadurch, dass G als Veräußerer tatsächlich aufgrund des mit K geschlossenen Sicherungsvertrages **mittelbarer Besitzer** geworden ist, reicht es für den **Rechtsschein des Besitzes gemäß § 934 Var. 1** aus, dass dessen Herausgabeanspruch gegen K an X abgetreten wird.

Nur wenn ein mittelbarer Besitz vorliegt, kann mit § 934 Var. 1 gearbeitet werden; sonst muss auf § 934 Var. 2 abgestellt werden. Hieraus kann auch der Schluss gezogen werden, dass ein vermeintlicher Herausgabeanspruch für das Übergabesurrogat nach § 931 ausreicht (systematische Auslegung aus § 934 Var. 2).

---

88 Palandt/Herrler § 930 Rn. 9.
89 Vgl. dazu Palandt/Weidenkaff § 449 Rn. 1 ff.
90 Palandt/Herrler § 933 Rn. 2 ff.

49

Durch die wirksame Abtretung seines Herausgabeanspruchs gegen K hat G auch jegliche besitzrechtliche Position an der Maschine verloren.

3. Schließlich müsste X auch eine **stärkere besitzrechtliche Position** erlangt haben, als der wahre Berechtigte, hier also der V. X ist mittelbarer Besitzer der Maschine geworden, nachdem G seinen Herausgabeanspruch gegen K an ihn abgetreten hat. Da V als Eigentumsvorbehaltsverkäufer aber mittelbarer Besitzer sein könnte, könnte eine solche stärkere Besitzposition des X abgelehnt werden. Dann wären X und V lediglich **mittelbare Nebenbesitzer**, sodass die Voraussetzungen für einen gutgläubigen Erwerb nach § 934 Var. 1 nicht gegeben wären. Allerdings muss hierbei berücksichtigt werden, dass K mit der versuchten Veräußerung der Maschine an G in äußerlich erkennbarer Weise deutlich macht, dass er seinen Fremdbesitzerwillen für den V aufgibt und künftig als Eigenbesitzer besitzen möchte. Ab diesem Zeitpunkt hat V daher schon seinen mittelbaren Besitz verloren.[91] Folglich ist **X mittelbarer Alleinbesitzer** geworden und hatte daher doch eine bessere besitzrechtliche Position inne als V. Die Figur des mittelbaren Nebenbesitzes wird überwiegend zu Recht abgelehnt.[92] **Der Rechtsschein des Besitzes nach § 934 Var. 1 liegt mithin vor.**

4. Schließlich war X hinsichtlich der Eigentümerstellung des G auch **gutgläubig** i.S.d. § 932 Abs. 2 und die Maschine war nicht nach § 935 Abs. 1 abhandengekommen. Vielmehr hat V den unmittelbaren Besitz gewollt auf K übertragen.

V. X hat somit nach den §§ 929 S. 1, 931, 934 Var. 1 das Eigentum an der Maschine gutgläubig erworben.

Anmerkung:
Vergleicht man die Ergebnisse der Übertragungsvorgänge „K–G" und „G–X", so ergeben sich Bedenken, weil in beiden Fällen die Erwerber lediglich mittelbaren Besitz erlangen, sie aber wegen der Eigentumserlangung des X unterschiedlich behandelt werden. Nach h.M.[93] ist dieses Ergebnis aber interessengerecht, sodass kein Wertungswiderspruch vorliegt. Denn anders als bei §§ 930, 933, wo der jeweilige Veräußerer seine besitzrechtliche Position zunächst behält, wird bei §§ 931, 934 Var. 1 allein mit der Abtretung des Herausgabeanspruchs jegliche besitzrechtliche Position durch den Veräußerer aufgegeben. Die Schaffung des mittelbaren Besitzes allein ist für einen gutgläubigen Erwerb nicht ausreichend, wohl aber seine Übertragung.

---

91 Im Ergebnis ebenso: BGH NJW 1968, 1382; MüKo/Jost § 868 Rn. 20.
92 MüKo/Jost § 868 Rn. 20.
93 Vgl. BGHZ 50, 45, 49 ff.; a.A. MüKo/Oechsler § 931 Rn. 6 m.w.N.

Fall 18: Der gutgläubige Erwerb mittels Erbschein, §§ 929 ff., 2366

Rentner F, der eine Reihe von sehr wertvollen Büchern sein Eigentum nennt, verstirbt ganz plötzlich. Seine stets klamme Nachbarin N, die sich den Nachlass nicht entgehen lassen möchte, fälscht daraufhin ein Testament, wonach sie Alleinerbin sein soll. Als vermeintliche Erbin nimmt sie den Nachlass in Besitz, nachdem ihr auch ein Erbschein als Alleinerbin erteilt wurde. Der wahre Erbe des F ist sein Sohn S. N verkauft und übergibt eines der Bücher an den X, der davon ausgeht, dass N Eigentümerin ist. Als die Machenschaften der N aufgeklärt werden, verlangt S von X das Buch heraus. S meint, dass X sich auf seine Gutgläubigkeit nicht berufen dürfe, da N bei der Veräußerung den Erbschein gar nicht vorgelegt hätte. Kann S das Buch aus § 985 herausverlangen?

1. Abwandlung: Wer ist Eigentümer des Buches, wenn dieses nicht dem Erblasser F gehört hat, sondern Y, von dem sich F das Buch nur geliehen hatte?

2. Abwandlung: Ist ein Eigentumserwerb des X auch dann gegeben, wenn F das Buch von Y gestohlen hatte?

Ausgangsfall

S könnte gegen X einen Anspruch auf Herausgabe des Buches aus § 985 haben. Dann müsste S Eigentümer und X besitzrechtsloser Besitzer sein.

Ursprünglich gehörte das Buch dem F.

Mit dessen Tod ist der wahre Erbe, sein Sohn S, gemäß §§ 1922 Abs. 1, 1924 Abs. 1 Gesamtrechtsnachfolger und damit Eigentümer[94] des Buches geworden. N hingegen, die das Testament gefälscht hatte, hat kein Eigentum kraft gewillkürter Erbfolge nach §§ 1922 Abs. 1, 1937 erlangt.

I. Eigentumsverlust durch Übereignung der N an X nach §§ 929 S. 1, 932 Abs. 1 S. 1

S hat das Eigentum an dem Buch später wieder verloren, falls N es an den X wirksam übereignet hat. In Betracht kommt hier nur ein gutgläubiger Eigentumserwerb des X nach **§§ 929 S. 1, 932 Abs. 1 S. 1** von der Nichtberechtigten N.

N und X haben sich wirksam gemäß § 929 S. 1 über den Eigentumsübergang geeinigt. Das Buch wurde X auch übergeben. Allerdings ist N weder Eigentümerin noch verfügungsbefugt und damit nicht zur Eigentumsübertragung berechtigt. Jedoch könnten hier zugunsten des X die Voraussetzungen für den Eigentumserwerb vom Nichtberechtigten nach §§ 929 S. 1, 932 Abs. 1 S. 1 vorliegen.

1. N und X haben ein **Rechtsgeschäft im Sinne eines Verkehrsgeschäfts** geschlossen.

2. Durch die Übergabe des Buches nach **§ 929 S. 1** ist auch der **Rechtsschein des Besitzes** gegeben.

---

94 Vgl. dazu Palandt/Weidlich § 1922 Rn. 10.

3. X war hinsichtlich der Eigentümerstellung der N **gutgläubig, § 932 Abs. 2**.

4. Ferner dürfte das Buch **nicht abhandengekommen** sein.

Der wahre Erbe S ist nach **§ 857 fiktiver Erbschaftsbesitzer** geworden; d.h. er trat mit dem Erbfall in die besitzrechtliche Stellung des Erblassers F, der zu diesem Zeitpunkt den unmittelbaren Besitz an dem Buch hatte.[95] Den fiktiven unmittelbaren Besitz des S hat N ihm entzogen, sodass ein Abhandenkommen i.S.d. § 935 Abs. 1 S. 1 gegeben ist. Folglich ist ein gutgläubiger Erwerb nach §§ 929 S. 1, 932 Abs. 1 ausgeschlossen.

II. Eigentumsverlust durch Übereignung nach §§ 929 S. 1, 2366

Eventuell könnte X das Eigentum aber nach **§§ 929 S. 1, 2366** von N erworben haben. Gemäß § 2366 wird aufgrund des öffentlichen Glaubens des Erbscheins der gutgläubige Dritte – hier X – so gestellt, als hätte er das Rechtsgeschäft mit dem wirklichen Erben – hier dem S – vorgenommen. Dann sind die Regeln anzuwenden, die bei Handeln des wirklichen Erben gelten würden. Es läge dann ein Erwerb vom Berechtigten nach § 929 S. 1 vor.

1. Dann müsste gemäß **§ 2366** N in einem **Erbschein** als Erbin bezeichnet sein und X durch Rechtsgeschäft einen Erbschaftsgegenstand von der vermeintlichen Erbin N erworben haben. Schließlich dürfte X gemäß § 2366 letzter Hs. weder die Unrichtigkeit des Erbscheins gekannt haben, noch gewusst haben, dass das Nachlassgericht die Rückgabe des Erbscheins wegen Unrichtigkeit verlangt hat.

Bei der Veräußerung beweglicher Sachen wird durch § 2366 der gute Glaube ggü. §§ 932 ff. erheblich erweitert, da er nur durch positive Kenntnis von der Unrichtigkeit des Erbscheins oder von der Anordnung der Einziehung ausgeschlossen wird.

Hier wurde N wirksam ein, wenn auch unrichtiger, Erbschein ausgestellt, in dem sie als Erbin ausgezeichnet ist. X hat durch Rechtsgeschäft einen Erbschaftsgegenstand, das Buch, von der Scheinerbin N erworben. Die nach dem Gesetz vermutete Kenntnis des X ist auch nicht widerlegt worden; insbesondere fehlt es an der Kenntnis des X nicht schon deshalb, da er sich den Erbschein nicht hat vorlegen lassen. Der Erwerber muss den Erbschein nicht einsehen.[96] Der öffentliche Glaube des Erbscheins i.S.d. § 2366 wirkt bereits, wenn ein Erbschein auf bestimmte Personen ausgestellt ist. Allein die Existenz des Erbscheins ist folglich ausreichend. Der Erwerber muss weder von der Existenz des Erbscheins noch von der Tatsache, dass es sich um einen Erbschaftsgegenstand handelt, Kenntnis haben.

Es ist also nach der Berechtigung des wahren Erben zu fragen, obwohl die Scheinerbin die Veräußerung vornimmt.

2. Somit wird X gemäß § 2366 so gestellt, als ob er vom wahren Erben selbst erworben hätte. Folglich ist die **Scheinerbin N als wahre Erbin anzusehen**. Als solche hätte sie nach §§ 1922 Abs. 1, 1924 Abs. 1 das Eigentum an dem Buch erlangt, welches nun an den X übereignet worden ist. Somit hat X das Eigentum an dem Buch von N nach **§§ 929 S. 1, 2366** erworben.

III. S hat mithin gegen X keinen Herausgabeanspruch aus § 985.

---

95   Vgl. Palandt/Herrler § 857 Rn. 2.
96   MüKo/Grziwotz § 2366 Rn. 25.

1. Abwandlung

Ursprünglich stand das Buch im Eigentum des Y. Dieses hat er auch nicht durch die Leihe an F oder die spätere Erbschaft des S verloren.

I. Eigentumserwerb nach §§ 929 S. 1, 932 Abs. 1 S. 1

Y könnte das Eigentum jedoch gemäß §§ 929 S. 1, 932 Abs. 1 S. 1 dadurch verloren haben, dass N das Buch an X übereignet hat. Der Eigentumserwerb scheitert, ebenso wie im Ausgangsfall, am Abhandenkommen des Buches gemäß § 935 Abs. 1. Durch den Erbfall wurde S als wahrer Erbe fiktiv nach § 857 unmittelbarer Besitzer des vom Erblasser geliehenen Buches. Das Leihverhältnis zwischen F und Y setzte sich in der Person des S fort. Aus § 935 Abs. 1 S. 2 ergibt sich, dass auch dann ein Abhandenkommen der Sache vorliegt, wenn der Eigentümer mittelbarer Besitzer ist und seinem Besitzmittler – hier dem fiktiven unmittelbaren Besitzer S – die Sache abhandenkommt.[97]

II. Eigentumserwerb durch §§ 929 S. 1, 2366

Auch ein Erwerb durch X nach §§ 929 S. 1, 2366 kommt nicht in Betracht. Nach § 2366 wird hier X so gestellt, als ob er vom wahren Erben selbst erworben hätte. Der wahre Erbe S ist aber auch nicht Eigentümer des Buches und somit selbst Nichtberechtigter. Schließlich schützt der Erbschein nicht den guten Glauben daran, dass ein Gegenstand zum Nachlass gehört.[98]

III. Gutgläubiger Eigentumserwerb nach §§ 929 S. 1, 932 Abs. 1 S. 1, 2366

In Betracht kommt aber ein gutgläubiger Erwerb nach §§ 929 S. 1, 932 Abs. 1 S. 1, 2366 (doppelt gutgläubiger Erwerb). Nach § 2366 wird der gutgläubige X so gestellt, als ob er vom wahren Erben S erworben hätte. Wenn dieser, wie hier, aber selbst nicht Eigentümer des geliehenen Buches geworden ist, ist zusätzlich ein gutgläubiger Erwerb nach §§ 929 S. 1, 932 ff. zu prüfen. § 2366 überwindet also die fehlende Erbenstellung der N; das fehlende Eigentum des S wird zusätzlich nach § 932 überwunden. Demnach hat der gutgläubige X das Eigentum an dem Buch nach §§ 929 S. 1, 932 Abs. 1 S. 1, 2366 erlangt; insbesondere liegt kein Abhandenkommen i.S.d. § 935 in diesem Zusammenhang vor, da Y als Entleiher seinen unmittelbaren Besitz an dem Buch freiwillig aufgegeben hat.

> Hinsichtlich des fehlenden Eigentums würde dann dem X – anders als bei § 2366 – bereits grobe Fahrlässigkeit schaden, vgl. § 932 Abs. 2.

X hat somit nach §§ 929 S. 1, 923 Abs. 1 S. 1, 2366 das Eigentum an dem Buch erlangt.

2. Abwandlung

Ein Eigentumserwerb des X ist hier nicht möglich, da § 2366 nicht eingreift. Sonst würde auch der wahre Erbe S als Nichtberechtigter verfügen, und der gute Glaube an sein Eigentum würde nichts nützen, weil dem Eigentümer Y das Buch **abhandengekommen** war, § 935.

---

97 Palandt/Herrler § 935 Rn. 7.
98 Palandt/Weidlich § 2366 Rn. 6.

3. Teil   Der Erwerb vom Nichtberechtigten sowie der lastenfreie Erwerb

Fall 19: Gutgläubigkeit gemäß § 932 Abs. 2

Sportsfreund F verleiht an seinen Stammtischbruder S seinen erst kürzlich erworbenen Mercedes CLS 320 CDI. S, der wegen seiner Spielschulden erhebliche finanzielle Probleme hat, bietet den Wagen seinen Bekannten zum Verkauf an, um seine Schulden zu begleichen. Als Interessent meldet sich K, der sich seit langem dieses Modell zulegen wollte. Nachdem K den ausgehandelten Kaufpreis zahlt, nimmt er den Wagen vor lauter Begeisterung sofort mit, ohne in die Zulassungsbescheinigung Teil II (vormals Kfz-Brief) zu schauen, in dem F als Halter des Pkw ausgewiesen ist. Als F hiervon erfährt, verlangt er den Wagen von K heraus. Dieser weigert sich und verweist auf seine Gutgläubigkeit. Hat F gegen K einen Herausgabeanspruch?

Abwandlung: S veranlasst den F durch eine widerrechtliche Drohung, ihm den Wagen zu verkaufen und zu übereignen. Wenig später verkauft und übereignet S den Wagen an K, der von der Drohung des S Kenntnis hat. Wer ist Eigentümer des Mercedes, wenn F kurz danach seine im Rahmen des Kaufvertrags und der Übereignung abgegebenen Willenserklärungen erfolgreich anficht?

Ausgangsfall

F könnte gegen K einen Anspruch auf Herausgabe des Wagens aus § 985 haben.

Dann müsste F Eigentümer und K besitzrechtsloser Besitzer sein.

I. Ursprünglich gehörte der Wagen dem F, stand also in seinem **Eigentum**. Er könnte dieses jedoch gemäß **§§ 929 S. 1, 932 Abs. 1 S. 1** dadurch verloren haben, dass S den Wagen an K übereignet hat.

1. S und K haben sich über den Eigentumsübergang am Auto nach **§ 929 S. 1 geeinigt**.

2. Der Wagen wurde K auch gemäß § 929 S. 1 **übergeben**.

3. Allerdings handelte es sich bei S nicht um den Eigentümer des Wagens. Dieser hatte sich den Wagen lediglich ausgeliehen. S war daher **Nichtberechtigter**. Da auch eine andere Form der Berechtigung des S nicht vorliegt, kann K das Eigentum nur nach **§§ 929 S. 1, 932 Abs. 1 S. 1** vom Nichtberechtigten S erlangt haben.

a) Die Verfügung des S an K ist ein **Rechtsgeschäft im Sinne eines Verkehrgeschäfts**.

b) Durch die Übergabe nach § 929 S. 1 spricht auch der **Rechtsschein des Besitzes** für den S.

In der Definition der Gutgläubigkeit muss immer klargestellt werden:
- *Bezugspunkt*
- *Maßstab*
- *Zeitpunkt*

c) Des Weiteren müsste K **gutgläubig** gewesen sein. Im Gesetz wird die Gutgläubigkeit in **§ 932 Abs. 2** negativ definiert. Demnach ist nicht gutgläubig, also bösgläubig, wer im Zeitpunkt des Rechterwerbs **positive Kenntnis oder grob fahrlässige Unkenntnis vom Nichteigentum des Veräußerers** hat. Nach der gesetzlichen Konzeption spricht eine Vermutung dafür, dass der Erwerber gutgläubig ist.

54

Fall 19: Gutgläubigkeit gemäß § 932 Abs. 2

Vorliegend hatte K im Zeitpunkt der Übergabe keine positive Kenntnis davon, dass der Wagen nicht im Eigentum des S stand. Jedoch könnte seine Unkenntnis grob fahrlässig sein. Eine grob fahrlässige Unkenntnis des Erwerbers liegt vor, wenn er die im Verkehr erforderliche Sorgfalt in ungewöhnlich hohem Maße verletzt und das unbeachtet lässt, was im gegebenen Fall jedem hätte einleuchten müssen. Über das gebotene Maß an Sorgfalt entscheiden hierbei immer die Umstände des konkreten Einzelfalles.

Beim Kauf eines **Gebrauchtwagens** wird nach einhelliger Auffassung in aller Regel eine solche grob fahrlässige Unkenntnis des Erwerbers angenommen, wenn er sich nicht den Kfz-Brief vorlegen lässt oder der Kfz-Brief keinen oder einen vom Veräußerer verschiedenen Halter ausweist und der Erwerber keine Nachforschungen über die Berechtigung des Veräußerers anstellt.[99]

Wenn K in den Kfz-Brief geschaut hätte, dann wäre ihm aufgefallen, dass nicht der Veräußerer S als Halter, sondern F dort eingetragen ist. Etwaige Nachforschungen über eine Berechtigung des S hätten dann durch K angestellt werden können. Weil K aber dieser Sorgfaltsanforderung nicht nachgekommen ist, hat er in grob fahrlässiger Unkenntnis gehandelt, sodass er nicht gutgläubig i.S.d. § 932 Abs. 2 war.

Ein gutgläubiger Erwerb des Eigentums durch K nach §§ 929 S. 1, 932 Abs. 1 liegt demnach nicht vor.

F ist Eigentümer geblieben.

II. K hat den Wagen in **unmittelbarem Besitz i.S.d. § 854 Abs. 1**.

III. K hat auch **kein eigenes Recht zum Besitz i.S.d. § 986 Abs. 1 S. 1** gegenüber F. Ein Besitzrecht gegenüber S aus § 433 Abs. 1 S. 1 kann er nicht gegenüber F geltend machen, weil S dem F gegenüber nicht zur Weitergabe des Pkw befugt war, § 986 Abs. 1 S. 2.

IV. F hat somit gegen K einen Anspruch auf Herausgabe des Wagens aus § 985.

Abwandlung

F könnte Eigentümer des Wagens geblieben sein.

I. Der ursprüngliche Eigentümer F hat zwar das Eigentum am Wagen nach § 929 S. 1 auf S übertragen. Da er seine **dingliche Willenserklärung im Rahmen des § 929 S. 1** jedoch gemäß § 123 Abs. 1 wirksam angefochten hat, ist diese Übereignung nach **§ 142 Abs. 1 rückwirkend beseitigt** worden, sodass F zunächst von Anfang an Eigentümer geblieben ist.

II. F könnte das Eigentum an dem Wagen aber nach **§§ 929 S. 1, 932 Abs. 1 S. 1** dadurch verloren haben, dass S den Wagen an K übereignet hat.

1. S und K haben sich über den Eigentumsübergang i.S.d. **§ 929 S. 1 geeinigt**. Der Wagen wurde K auch **übergeben**. Allerdings war S **nicht** zur Eigentumsübertragung **berechtigt**, da sein Eigentum wegen der erfolgten

Beim Erwerb eines Gebrauchtwagens ist grobe Fahrlässigkeit anzunehmen, wenn sich der Erwerber den Kfz-Brief nicht vorlegen lässt.

---

99 BGH NJW 1996, 314; 1994, 2022, 2023; Palandt/Herrler § 932 Rn. 13; Gursky JZ 1997, 1094, 1100; Medicus Jura 2001, 296.

3. Teil Der Erwerb vom Nichtberechtigten sowie der lastenfreie Erwerb

Anfechtung durch F gemäß § 142 Abs. 1 rückwirkend entfallen ist und er demgemäß nicht Eigentümer war.

2. Folglich kann K das Eigentum nur nach **§§ 929 S. 1, 932 Abs. 1 S. 1** gutgläubig vom Nichtberechtigten S erlangt haben.

a) Ein **Rechtsgeschäft im Sinne eines Verkehrsgeschäfts** liegt vor.

b) Der Rechtsschein des Besitzes spricht aufgrund der getätigten Übergabe i.S.d. § 929 S. 1 auch für S.

Die Kenntnis der Anfechtbarkeit steht gemäß § 142 Abs. 2 der Kenntnis der Nichtigkeit eines Rechtsgeschäfts gleich.

c) Fraglich ist jedoch, ob K **gutgläubig i.S.d. § 932 Abs. 2** war.

Der Erwerber muss grundsätzlich im Zeitpunkt der Vollendung des Rechtserwerbs gutgläubig sein. Im Zeitpunkt der Übereignung hielt K den S für den Eigentümer, da die Anfechtung durch F noch nicht erfolgt war. Demnach wäre K gutgläubig i.S.d. § 932 Abs. 2. Allerdings wusste K, dass S dem F gedroht hatte und kannte daher die Anfechtbarkeit der Übereignung. Nach § 142 Abs. 2 muss sich derjenige, der die Anfechtbarkeit eines Rechtsgeschäfts kannte, so behandeln lassen, als hätte er dessen Nichtigkeit gekannt, wenn die Anfechtung – wie hier – erfolgt. Wenn K aber die Nichtigkeit der Übereignung gekannt hätte, hätte er gewusst, dass S nicht Eigentümer des Pkw war. Folglich war K nicht gutgläubig i.S.d. § 932 Abs. 2. Ein Erwerb vom Nichtberechtigten nach §§ 932 ff. ist nicht gegeben.

III. Aufgrund der Kenntnis von der Anfechtbarkeit des Rechtsgeschäfts aufseiten des K ist somit F Eigentümer des Wagens geblieben.

56

Fall 20: Das Abhandenkommen, § 935

Fall 20: Das Abhandenkommen, § 935

Der erfolgreiche Fahrradhändler F beauftragt seinen Angestellten A mit der Auslieferung eines bereits verkauften Fahrrades. Auf dem Weg zum Kunden trifft A seinen Freund B, dem er noch 400 € schuldet. Ganz unverhofft kommt er auf die glorreiche Idee, wie er seine Schulden auf einen Schlag loswerden kann. Er bietet dem gutgläubigen B das Fahrrad gegen die Tilgung seiner Schulden an. B ist einverstanden. Er nimmt das Fahrrad mit. Als sich später der Kunde bei F meldet und die immer noch nicht erfolgte Lieferung moniert, gesteht A seinem Chef alles. Der will daraufhin von B das Fahrrad zurück. Zu Recht?

1. Abwandlung: Wie wäre der Fall zu beurteilen, wenn F selbst die Übergabe an B vorgenommen hätte, zu diesem Zeitpunkt aber geschäftsunfähig gewesen war.

2. Abwandlung: Wie wäre es, wenn F bei der Besitzaufgabe getäuscht worden wäre?

Ausgangsfall

F könnte gegen B einen Anspruch auf Herausgabe des Fahrrades aus § 985 haben.

Dann müsste F Eigentümer und B besitzrechtsloser Besitzer des Fahrrades sein.

I. Ursprünglich war F **Eigentümer** des Fahrrades.

1. Er könnte das Eigentum aber später gemäß **§ 929 S. 1** dadurch verloren haben, dass sein Angestellter A das Fahrrad an B übereignet hat.

a) A und B haben sich über den Eigentumsübergang nach **§ 929 S. 1 geeinigt**.

b) A hat dem B das Fahrrad gemäß **§ 929 S. 1 übergeben**.

c) Allerdings war A **weder verfügungsbefugter Eigentümer noch verfügungsbefugter Nichteigentümer** des Fahrrads und folglich auch **nicht berechtigt**, eine Verfügung über das Eigentum daran vorzunehmen.

2. Somit kann B nur gutgläubig vom Nichtberechtigten A gemäß **§§ 929 S. 1, 932 Abs. 1 S. 1** Eigentum am Fahrrad erlangt haben.

a) Ein **Rechtsgeschäft im Sinne eines Verkehrsgeschäfts** liegt hier mit der Verfügung von A an B i.S.d. § 929 S. 1 vor.

b) Ferner hat A dem B, wie bereits erörtert, das Fahrrad gemäß § 929 S. 1 übergeben, sodass der für den gutgläubigen Erwerb vom Nichtberechtigten erforderliche **Rechtsschein des Besitzes** gegeben ist.

c) B war hinsichtlich der Eigentümerstellung des A auch **gutgläubig i.S.d. § 932 Abs. 2**.

d) Fraglich ist jedoch, ob ein den gutgläubigen Erwerb ausschließendes **Abhandenkommen i.S.d. § 935 Abs. 1** vorliegt.

Abhandenkommen i.S.d. § 935 Abs. 1 setzt einen **unfreiwilligen Verlust des unmittelbaren Besitzes** voraus.

57

Das ist grundsätzlich dann der Fall, wenn der **unmittelbare Besitzer seinen Besitz ohne seinen Willen verloren** hat.[100] A übt die tatsächliche Gewalt über die Sache als dessen Angestellter für F aus, sodass A Besitzdiener gemäß § 855 ist. Unmittelbarer Besitzer ist daher nicht A, sondern F. Der Besitz des F ist hier ohne seinen Willen verloren gegangen, sodass demnach eigentlich ein Abhandenkommen vorliegen müsste.

aa) Einer Ansicht nach ist jedoch ein Abhandenkommen nicht gegeben, wenn der Besitzdiener die Sache ohne Einverständnis des Geschäftsherrn in eigenem Namen weggibt, aber nach den gesamten Umständen vom Erwerber als unmittelbarer Besitzer angesehen werden darf.[101] In diesem Fall stehe der Besitzdiener dem Besitzmittler gleich. Wenn dieser als unmittelbarer Besitzer den Besitz willentlich aufgebe, sei dem Eigentümer die Sache nicht abhandengekommen. Dasselbe müsse für den Besitzdiener gelten.

Hiernach läge kein Abhandenkommen i.S.d. § 935 Abs. 1 vor.

bb) Nach anderer Ansicht wird die Veruntreuung durch den Besitzdiener als unfreiwilliger Besitzverlust des unmittelbaren Besitzers und damit als Abhandenkommen i.S.d. § 935 Abs. 1 behandelt.[102] Das Gesetz stelle bei der Ermittlung der wahren Besitzlage nirgends darauf ab, ob man im Rechtsverkehr jemanden nach dem äußeren Schein für den Besitzer halten könne. Es komme nur auf die objektive Besitzlage an.

Hiernach läge ein Abhandenkommen i.S.d. § 935 Abs. 1 vor.

cc) Der zweiten Ansicht ist zu folgen. Die vom Gesetzgeber vorgenommene Differenzierung zwischen Besitzmittler und Besitzdiener würde sonst umgangen werden. Im Gegensatz zum Besitzdiener handelt es sich beim Besitzmittler um den unmittelbaren Besitzer, auf den i.R.d. § 935 Abs. 1 allein abzustellen ist.

Daher ist das Fahrrad dem unmittelbaren Besitzer F abhandengekommen.

Ein gutgläubiger Erwerb des Eigentums durch B nach den §§ 929 S. 1, 932 Abs. 1 scheidet demzufolge aus.

F ist daher Eigentümer des Fahrrades geblieben.

II. B ist **unmittelbarer Besitzer, § 854 Abs. 1**.

III. B hatte auch **kein Recht zum Besitz i.S.d. § 986** gegenüber F.

IV. F hat daher gegen B einen Herausgabeanspruch aus § 985.

---

100 BGH NJW 2014, 1524, 1525; MüKo/Oechsler § 935 Rn. 2.
101 Erman/Michalski § 935 Rn. 6; MüKo/Joost § 855 Rn. 23; Staudinger/Wiegand § 935 Rn. 14.
102 BGH NJW 2014, 1524, 1525; Palandt/Herrler § 935 Rn. 8; Witt AcP 201, 165, 185; Baur/Stürner § 52 Rn. 39; Westermann/Gursky § 49 I 6.

Fall 20: Das Abhandenkommen, § 935

1. Abwandlung

Fraglich ist, ob dem F die Sache auch hier i.S.d. § 935 Abs. 1 abhandengekommen ist, wenn er im Zeitpunkt der Besitzweggabe **gemäß § 104 geschäftsunfähig** war.

Hier hat F als unmittelbarer Besitzer seinen Besitz am Fahrrad mit seinem Willen aufgegeben. Der für die Freiwilligkeit erforderliche Wille zur Besitzaufgabe ist rein tatsächlicher, nicht rechtsgeschäftlicher Natur im Sinne der §§ 104 ff., sodass eine Geschäftsfähigkeit des F nicht erforderlich wäre.

Allerdings erfordert nach ganz h.M. der Besitzaufgabewille eine eigene Willensbildung und daher eine Einsichtsfähigkeit hinsichtlich der Bedeutung der Besitzaufgabe. Diese Einsichtsfähigkeit fehle einem Geschäftsunfähigen.[103] Somit liegt kein dem F zurechenbarer Besitzaufgabewille vor, sodass er seinen Besitz ohne seinen Willen verloren hat und daher ein Abhandenkommen i.S.d. **§ 935** vorliegt. Auch hier ist F demnach Eigentümer des Fahrrades geblieben.

Folglich hat F einen Anspruch gegen B aus § 985.

> Der **Besitzaufgabewille** ist zwar nur rein tatsächlicher Natur; jedoch verlangt die h.M. trotzdem i.R.d. Willensbildung eine Einsichtsfähigkeit.

2. Abwandlung

Fraglich ist in diesem Zusammenhang, ob ein Abhandenkommen vorliegt, wenn F **zur Besitzaufgabe durch eine Täuschung bestimmt** wurde. Da der Besitzaufgabewille nicht rechtsgeschäftlicher Natur ist, kann eine rückwirkende Beseitigung durch eine Anfechtung nicht erfolgen. Vielmehr kommt es nach einhelliger Ansicht allein darauf an, ob im Zeitpunkt der Weggabe ein tatsächlicher, wenn auch durch eine Täuschung beeinflusster Besitzübertragungswille vorlag. Denn eine Täuschung schließt den allein maßgeblichen Handlungswillen zur freiwilligen Besitzaufgabe gerade nicht aus. Auch der sich irrende Besitzer gibt seinen Besitz freiwillig auf.[104]

F ist das Rad mithin nicht abhandengekommen. B hat das Rad gutgläubig gemäß **§§ 929 S. 1, 932 Abs. 1 S. 1** erworben.

F hat folglich keinen Anspruch aus § 985.

> Eine willentliche Übertragung des Besitzes liegt auch dann vor, wenn der Besitzer sich bei der Übergabe der Sache **geirrt** hat oder **getäuscht** wurde, solange er einen **tatsächlichen** Besitzübertragungswillen hatte.

---

103 OLG München NJW 1991, 2571; Staudinger/Wiegand § 935 Rn. 9; Palandt/Herrler § 935 Rn. 5.
104 Palandt/Herrler § 935 Rn. 5; Staudinger/Wiegand § 935 Rn. 11; MüKo/Oechsler § 935 Rn. 7.

3. Teil — Der Erwerb vom Nichtberechtigten sowie der lastenfreie Erwerb

Fall 21: Der erweiterte Gutglaubenserwerb nach § 366 Abs. 1 HGB

F beauftragt seinen Freund A, der neben einer Werkstatt auch einen Gebrauchtwagenhandel betreibt, seinen Wagen hinsichtlich etwaiger Mängel zu untersuchen. Nach der Inspektion stellt A den Wagen auf den Verkaufsplatz und fordert F auf, den Wagen wieder abzuholen. In der Zwischenzeit sieht B dieses Auto auf dem Platz des A und bietet einen weit über dem Verkehrswert liegenden Kaufpreis. A, der sich ungern den Gewinn entgehen lassen möchte, veräußert daraufhin das Kfz im eigenen Namen an B und übergibt ihm das Auto inklusive der Zulassungsbescheinigung Teil II (vormals Kfz-Brief), in dem F als Halter eingetragen ist.

Kann F von B Herausgabe des Wagens nach § 985 verlangen?

F könnte gegen B einen Anspruch auf Herausgabe des Wagens aus § 985 haben.

Dann müsste F Eigentümer und B besitzrechtsloser Besitzer sein.

Ursprünglich gehörte der Wagen dem F, stand also in seinem **Eigentum**.

F könnte sein Eigentum daran jedoch dadurch verloren haben, dass sein Freund A den Wagen an B übereignet hat. In Betracht kommt insoweit ein Eigentumsübergang von F an B gemäß **§ 929 S. 1**.

Merke:
Nach § 929 S. 1 ist eine Einigung über den Eigentumswechsel erforderlich; diese Einigung muss aber nicht zwingend zwischen den Personen vorliegen, zwischen denen gerade der Eigentumswechsel geprüft wird. Wichtig ist nur, dass überhaupt eine Einigung (ggf. auch über eine Stellvertretung) vorliegt!

I. Dazu müsste zunächst eine **Einigung** über den Eigentumsübergang am Wagen gemäß **§ 929 S. 1** vorliegen.
Zwar haben sich nicht F und B, dafür aber A und B über den Eigentumsübergang am Wagen nach § 929 S. 1 geeinigt. Hierbei hat A nur für sich in eigenem Namen und nicht stellvertretend gemäß § 164 Abs. 1 S. 1 und Abs. 3 für F gehandelt.
Somit liegt eine Einigung über den Eigentumsübergang gemäß § 929 S. 1 zwischen A und B vor.

II. Des Weiteren hat A den Wagen an B gemäß **§ 929 S. 1 übergeben**.

III. Allerdings war A **weder verfügungsbefugter Eigentümer noch verfügungsbefugter Nichteigentümer und mithin nicht berechtigt**, über das Eigentum am Pkw eine Verfügung vorzunehmen. Schließlich hatte F den Wagen dem A lediglich zur Inspektion überlassen.

IV. Somit kann B das Eigentum nur nach **§§ 929 S. 1, 932 Abs. 1 S. 1** vom Nichtberechtigten A erlangt haben.

1. Ein **Rechtsgeschäft im Sinne eines Verkehrsgeschäfts** ist gegeben.

2. Auch der **Rechtsschein des Besitzes** liegt mit der Übergabe des Wagens an B vor.

3. Des Weiteren müsste B **gutgläubig** gewesen sein.

a) Nach **§ 932 Abs. 2** ist der Erwerber nicht gutgläubig, wenn er **positive Kenntnis oder grob fahrlässige Unkenntnis vom Nichteigentum des Veräußerers im Zeitpunkt des Erwerbs** hat.

Nach der gesetzlichen Konzeption des § 932 Abs. 2 spricht eine Vermutung dafür, dass der Erwerber gutgläubig ist.

Zwar hatte B keine positive Kenntnis davon, dass A kein Eigentümer des Wagens war. Aber B könnte sich grob fahrlässig in Unkenntnis darüber befinden. Eine grob fahrlässige Unkenntnis des Erwerbers liegt vor, wenn er

60

die im Verkehr erforderliche Sorgfalt in ungewöhnlich hohem Maße verletzt und das unbeachtet lässt, was im gegebenen Fall jedem hätte einleuchten müssen. Über das gebotene Maß an Sorgfalt entscheiden hierbei immer die Umstände des konkreten Einzelfalles.

Beim Kauf eines **Gebrauchtwagens** wird eine solche grobe Fahrlässigkeit des Erwerbers in aller Regel angenommen, wenn er sich nicht den Kfz-Brief vorlegen lässt oder der Kfz-Brief keinen oder einen vom Veräußerer verschiedenen Halter ausweist und der Erwerber keine Nachforschungen über die Berechtigung des Veräußerers anstellt.[105]

Wenn B vorliegend den Kfz-Brief eingesehen hätte, dann wäre ihm aufgefallen, dass nicht der Veräußerer A als Halter, sondern F dort eingetragen ist. Weil B dieser Sorgfaltsanforderung nicht nachgekommen ist, war seine Unkenntnis grob fahrlässig, sodass er nicht gutgläubig i.S.d. § 932 Abs. 2 hinsichtlich der Eigentümerstellung des A war.

Ein gutgläubiger Erwerb des Eigentums durch B nach §§ 929 S. 1, 932 Abs. 1 S. 1 liegt demnach nicht vor.

b) Möglicherweise hat B aber trotzdem gemäß **§§ 929 S. 1, 932 Abs. 1 S. 1 BGB i.V.m. § 366 Abs. 1 HGB** das Eigentum an dem Wagen gutgläubig vom Nichtberechtigten erlangt.

Nach § 366 Abs. 1 HGB kann der Erwerber das Eigentum an Waren von einem **nichtberechtigten Kaufmann** erwerben, obwohl er weiß oder hätte wissen müssen, dass diese nicht in dessen Eigentum stehen, wenn er hinsichtlich dessen **Verfügungsbefugnis** gutgläubig ist. Also schützt § 366 Abs. 1 HGB den guten Glauben des Erwerbers daran, dass der Eigentümer der Verfügung durch den Kaufmann nach § 185 Abs. 1 zugestimmt hat.[106] A als Gebrauchtwagenhändler hat als Kaufmann i.S.d. § 1 HGB im Betrieb seines Handelsgewerbes das Kfz des F veräußert. B war hinsichtlich der Verfügungsbefugnis des A auch gutgläubig. Insbesondere trifft den B als Privatkunden auch keine Pflicht zu überprüfen, auf welche Weise der Händler A in den Besitz von Wagen und Papieren gelangt ist oder ob ihm tatsächlich ein Verkaufsauftrag erteilt worden ist.

Somit wird nach § 366 Abs. 1 HGB auch der gute Glaube des B hinsichtlich der Verfügungsbefugnis des A geschützt, sodass B auch gutgläubig i.S.d. § 932 Abs. 2 BGB i.V.m. § 366 Abs. 1 HGB gewesen ist.

4. Ferner ist der Wagen dem F auch nicht i.S.d. **§ 935 Abs. 1 abhandengekommen**.

V. Mithin hat B gemäß §§ 929 S. 1, 932 Abs. 1 S. 1 BGB i.V.m. § 366 Abs. 1 HGB Eigentum an dem Pkw erlangt, sodass F kein Herausgabeanspruch aus § 985 gegenüber B zusteht.

> Auch im Falle des § 366 HGB bleiben die §§ 932 ff. die Grundlage des gutgläubigen Erwerbs; § 366 HGB erweitert lediglich den Anwendungsbereich der §§ 932 ff. Insbesondere gilt auch hier § 935.

---

105 BGH NJW 1996, 314; 1994, 2022, 2023; Gursky, JZ 1997, 1094, 1100; Medicus Jura 2001, 296.
106 HGB/Hopt, § 366 HGB Rn. 2 ff.

3. Teil — Der Erwerb vom Nichtberechtigten sowie der lastenfreie Erwerb

Fall 22: Der Eigentumserwerb an Pfandflaschen
(BGH, Urt. v. 09.07.2007 – II ZR 233/05, BGHZ 173, 159)

Getränkehersteller G befüllt von ihm selbst hergestellte Pfandflaschen, die deutlich gekennzeichnet sind mit „Diese Pfandflasche bleibt Eigentum von G". Anschließend verkauft G die Flaschen an den Einzelhändler H, der sie an seine Kunden weiterverkauft. Nachdem der Kunde K eine Flasche gekauft und ausgetrunken hat, bewahrt er die Flasche zu Hause auf, weil er sie noch weiter verwenden will. Da G aufgrund sprunghaft gestiegener Nachfrage mit der Produktion neuer Flaschen in Verzug ist, verlangt er die Flasche von K heraus.

Zu Recht?

A. Vertragliche Herausgabeansprüche

Mangels einer vertraglichen Beziehung zwischen G und K und mangels Abtretung von vertraglichen Ansprüchen des H gegenüber K auf G nach § 398 kommen vertragliche Herausgabeansprüche nicht in Betracht.

B. Dingliche Herausgabeansprüche

Jedoch könnte G gegenüber K einen Herausgabeanspruch aus § 985 haben.

I. Dazu müsste G zunächst **Eigentümer der Flasche** sein.

1. Ursprünglich war G als Hersteller der Flasche gemäß § 950 Abs. 1 S. 1 auch deren Eigentümer.

2. G könnte in Ermangelung anderer Erwerbstatbestände sein Eigentum jedoch durch rechtsgeschäftliche **Übereignung nach § 929 S. 1** an H verloren haben.

Dazu müssten sich G und H zunächst i.S.d. § 929 S. 1 über den Eigentumsübergang an der Flasche geeinigt haben. Dies ist durch **Auslegung** der maßgeblichen Erklärungen nach dem verobjektivierten Empfängerhorizont gemäß §§ 133, 157 beim Erwerb der Flaschen zu ermitteln.

Ob beim Verkauf von Getränken in mehrfach verwendeten Pfandflaschen auch das Eigentum an der Flasche übertragen wird, hängt nach der höchstrichterlichen Rspr.[107] und der ihr folgenden herrschenden Auffassung in der Lit.[108] entscheidend davon ab, ob die verwendete Flasche aufgrund einer dauerhaften Kennzeichnung als Eigentum eines bestimmten Herstellers oder Vertreibers ausgewiesen ist, ob sie einer Herstellergruppe zugeordnet werden kann oder ob es sich um eine sog. Einheitsflasche handelt, die keine Individualisierungsmerkmale aufweist und von unbestimmt vielen Herstellern verwendet wird (z.B. GDB – Genossenschaft Deutscher Brunnen e.G.).

Werden Getränke in derartigen **Einheitsflaschen** verkauft, erstreckt sich der Eigentumsübergang nicht nur auf den Inhalt, sondern auch auf die Flasche selbst.[109] Dies gilt gleichermaßen auf allen Vertriebsstufen und selbst dann, wenn der Hersteller/Vertreiber in seinen Allgemeinen Geschäftsbedingungen den Eigentumserwerb an der Flasche ausdrücklich ausgeschlos-

---

107 BGH NJW 2007, 2913, 2914, RÜ 2007, 526, 527.
108 Palandt/Wicke Überbl vor § 1204 Rn. 7; Schäfer/Schäfer ZIP 1983, 656, 659; Martinek, JuS 1989, 268, 269; Hellmann JuS 2001, 353, 354; Metzger/Schmidt JA 2011, 254, 256.
109 BGH NJW 2007, 2913, 2914, RÜ 2007, 526, 527; Hellmann, JuS 2001, 353, 354.

sen hat. Eine solche Vereinbarung wäre auf ein unmögliches und unzulässiges Verhalten gerichtet und deshalb unbeachtlich. Denn durch die Vermengung von Flaschen verschiedener Hersteller kommt es zwangsläufig zu einem Eigentumsverlust des einzelnen Herstellers (§§ 948 Abs. 1, 947 Abs. 1). Mit der Rückgabe von Flaschen gleicher Art und Güte, die jedenfalls im Miteigentum eines anderen Herstellers stehen könnten, würde in dessen Eigentumsrechte eingegriffen.

Anders verhält es sich hingegen, wenn die verwendeten **Mehrwegflaschen** dauerhaft so gekennzeichnet sind, dass sie sich von Flaschen anderer Hersteller oder Vertreiber unterscheiden und eindeutig als Eigentum eines bestimmten Herstellers erkennbar sind. Bei derartigen Individualflaschen verbleibt das Eigentum an den Flaschen beim Hersteller/Vertreiber und wird auch auf den nachfolgenden Handelsstufen nicht an den Erwerber des Flascheninhalts übertragen.[110]

Bei den von G verwendeten Flaschen handelt es sich um individualisierte Flaschen. Durch den Aufdruck „Diese Pfandflasche bleibt Eigentum von G" unterscheiden sich die Flaschen objektiv von allen anderen vertriebenen Flaschen und lassen ihre eindeutige Herkunft von G erkennen.

Somit haben sich G und H nicht über den Eigentumsübergang an der Flasche gemäß § 929 S. 1 geeinigt und folglich hat G sein Eigentum an der Flasche nicht an H verloren.

3. Des Weiteren haben sich auch weder G noch H ausdrücklich oder konkludent mit K i.S.d. **§ 929 S. 1** über den Eigentumserwerb an der Flasche geeinigt. Zudem ist angesichts der klaren und damit nicht auslegungsbedürftigen Aufschrift „Diese Pfandflasche bleibt Eigentum von G" auch ein gutgläubiger Eigentumserwerb gemäß **§§ 929 S. 1, 932 Abs. 1 S. 1** oder gemäß **§§ 929 S. 1, 932 Abs. 1 S. 1 BGB i.V.m. § 366 Abs. 1 HGB** nicht möglich. Zum einen kann K nicht davon ausgehen, dass H ihm die Flasche übereignen will und zum anderen kann K erst Recht nicht davon ausgehen, dass H dies darf. Die Aufschrift macht deutlich, dass H eben nicht über das Eigentum an den Flaschen von G verfügen darf, § 366 Abs. 1 HGB.

Somit bleibt G Eigentümer der Flasche.

II. Ferner müsste K als Anspruchsgegner gemäß § 985 **Besitzer der Flasche** sein.
K übt die tatsächliche Sachherrschaft über die Flasche aus und ist damit unmittelbarer Besitzer der Flasche nach § 854 Abs. 1.

III. Ferner dürfte der Anspruchsgegner K **kein Recht zum Besitz** der Flasche i.S.d. § 986 Abs. 1 haben.
Nachdem K die Flasche, deren Inhalt er von H gekauft und auch zu Eigentum übertragen bekommen hat, ausgetrunken hat, hat er gegenüber G weder ein eigenes noch ein abgeleitetes obligatorisches bzw. dingliches Recht zum Besitz i.S.d. § 986 Abs. 1.

IV. Mithin hat G gegenüber K einen Anspruch auf Herausgabe der Flasche aus § 985.

---

110 BGH NJW 2007, 2913, 2914, RÜ 2007, 526, 527; Martinek, JuS 1989, 268 f.

4. Teil: Das Anwartschaftsrecht an beweglichen Sachen

Fall 23: Die Schutzwirkungen des Anwartschaftsrechts, § 161

F verkauft am 15.07. einen Laserdrucker an K unter Eigentumsvorbehalt. Man einigt sich auf einen Kaufpreis von 5.000 €. K zahlt zunächst nur 2.000 € und nimmt den Drucker mit. Daher fordert F den K auf, spätestens bis zum 01.08. die restliche Summe zu zahlen. Als am 25.07. sein Nachbar N dem F von seinen Schwierigkeiten mit seinem alten Drucker berichtet, verkauft und übereignet F den Laserdrucker an N unter Abtretung seines Herausgabeanspruchs gegen K. Am 30.07. zahlt K die restlichen 3.000 €. N verlangt von ihm am 03.08. den Laserdrucker heraus. Zu Recht?

N könnte gegen K einen Anspruch auf Herausgabe des Laserdruckers aus § 985 haben.

Dann müsste N Eigentümer des Druckers und K dessen besitzrechtsloser Besitzer sein.

Fraglich ist bereits, ob N Eigentümer des Druckers ist.

I. N könnte am 25.07. das **Eigentum** am Drucker **nach §§ 929 S. 1, 931** von F **erlangt** haben.

1. Eine dingliche **Einigung i.S.d. § 929 S. 1** zwischen F und N liegt vor.

2. Weiterhin müsste F dem N nach **§ 931** einen Herausgabeanspruch gegen den besitzenden K i.S.d. § 398 **abgetreten** haben.
In Betracht kommt ein Herausgabeanspruch des F gegen K aus § 346 Abs. 1 S. 1 i.V.m. §§ 449 Abs. 1, 2, 323 Abs. 1 Var. 1. Dieser Anspruch stand aber unter den Bedingungen, dass erstens K nicht innerhalb der Frist zahlt und zweitens F den Rücktritt erklärt. Möglicherweise hat F dem N diesen **zweifach bedingten Herausgabeanspruch** aus § 346 Abs. 1 abgetreten.

a) Eine **ausdrückliche**, von § 398 S. 1 geforderte, Einigung über die Abtretung dieses Anspruchs haben N und F nicht getroffen.

b) Allerdings werden nach normativer Auslegung i.S.d. §§ 133, 157 die in der Regel nicht rechtskundigen Parteien zumindest **konkludent** vereinbaren, dass der Herausgabeanspruch abgetreten wird, der, wenn auch ggf. bedingt, tatsächlich besteht, um den angestrebten Eigentumswechsel herbeizuführen.

Folglich hat F dem N seinen zweifach bedingten Herausgabeanspruch gegen K abgetreten.

3. Fraglich ist ferner, ob F den Drucker am 25.07. als **Berechtigter** an N übertragen hat.

Ursprünglich war F als verfügungsbefugter Eigentümer zur Eigentumsübertragung berechtigt.

Er hat das Eigentum aber nach §§ 929 S. 1, 158 Abs. 1 an K verloren, wenn dieser die aufschiebend vereinbarte Bedingung, also die Bezahlung des vollständigen Kaufpreises, vgl. § 449 Abs. 1, herbeigeführt hat.

Am 25.07. hatte K seine Kaufpreisverbindlichkeit gegenüber F noch nicht vollständig i.S.d. § 362 Abs. 1 erfüllt, da K nur 2.000 € gezahlt hatte. Die Bedingung i.S.d. §§ 929 S. 1, 158 Abs. 1 war daher noch nicht eingetreten, sodass F noch Eigentümer war. Auch andere, seine Verfügungsbefugnis beschränkende Umstände sind nicht ersichtlich. Insbesondere ist es dem Vorbehaltsverkäufer grundsätzlich nicht verwehrt, die bedingt übereignete Sache an einen anderen weiterzuveräußern. Diese Veräußerung ist trotz der Eigentumsanwartschaft des Vorbehaltskäufers zunächst wirksam. Erst mit dem Bedingungseintritt – also ex nunc – wird eine Zwischenverfügung nach § 161 Abs. 1 unwirksam.[111]

Am 25.07. hat F daher als Berechtigter gehandelt.

Somit ist N zu diesem Zeitpunkt Eigentümer des Laserdruckers geworden.

II. Möglicherweise hat N das **Eigentum** danach aber gemäß **§ 161 Abs. 1 S. 1** (kraft Gesetzes) **wieder verloren**.

1. Vorliegend hat sich F am 15.07. nach §§ 433 Abs. 1 Var. 2, 449 Abs. 1 verpflichtet, das Eigentum am Drucker unter der aufschiebenden Bedingung der vollständigen Kaufpreiszahlung nach §§ 929 S. 1, 158 Abs. 1 an K zu übertragen. Am 25.07., d.h. vor dem Bedingungseintritt, hat er das Eigentum an N übertragen. Dieser Eigentumserwerb des N **vereitelt** den Eigentumserwerb durch K. Schließlich ist die **Bedingung** der vollständigen Kaufpreiszahlung im Verhältnis von K zu F am 30.07. nach § 362 Abs. 1 **eingetreten**.

2. Das bedeutet, dass die den K beeinträchtigende Verfügung des F an N mit Bedingungseintritt am 30.07. gemäß § 161 Abs. 1 S. 1 unwirksam geworden ist, **es sei denn**, dass N am 25.07. vom damaligen Eigentümer nach **§§ 161 Abs. 3, 932 ff. gutgläubig verfügungsmachtbeschränkungsfreies, d.h. lastenfreies, Eigentum** erworben hat.[112] Der spätere Bedingungseintritt würde dann die Zwischenverfügung an N nicht nach § 161 Abs. 1 beeinträchtigen.

Die Zwischenverfügung wird ex nunc unwirksam; d.h. zwischen dem 25.07. und dem 30.07. war tatsächlich N Eigentümer des Druckers.

a) Im Rahmen des **rechtsgeschäftlichen** Eigentumserwerbs des N durch Verkehrsgeschäft kommt ein **Rechtsschein des Besitzes gemäß § 934 Var. 1** in Betracht. F war aufgrund des geschlossenen Vorbehaltskaufvertrages (Besitzmittlungsverhältnis i.S.d. § 868) bis zum Bedingungseintritt im Verhältnis zu K mittelbarer Besitzer der Sache. N war im Zeitpunkt seines Erwerbs hinsichtlich der Verfügungsbeschränkung des F im Verhältnis zum **Ersterwerber** K auch **gutgläubig** i.S.d. §§ 934 Var. 2 letzter Hs., 932 Abs. 2.

---

111 Palandt/Ellenberger § 161 Rn. 1.
112 Palandt/Ellenberger § 161 Rn. 3.

4. Teil	Das Anwartschaftsrecht an beweglichen Sachen

Ein **Anwartschaftsrecht** liegt vor, wenn von einem mehraktigen Entstehungstatbestand eines Rechts so viele Erfordernisse erfüllt sind, dass eine **gesicherte Erwerbsposition des Erwerbers** entsteht, **die der Veräußerer nicht mehr durch einseitige Erklärung vernichten kann**.

b) Etwas anderes kann sich vorliegend zum **Schutz des Anwartschaftsberechtigten** K jedoch aus der Anwendung des **§ 936 Abs. 3 analog** ergeben.

Unmittelbar gilt der § 936 **nur** für **dingliche Belastungen** des Eigentums. Das **Anwartschaftsrecht ist aber kein dingliches Recht** (numerus clausus der Sachenrechte). Da es aber ebenso wie eine dingliche Belastung die Befugnisse des Eigentümers aus § 903 beschränkt, wird nach einhelliger Ansicht § 936 Abs. 3 auf das Anwartschaftsrecht **analog** angewandt.[113]

Da vorliegend die Übertragung nach § 931 erfolgt ist und K (als nicht an der Veräußerung zwischen F und N beteiligter Dritter) **unmittelbarer Besitzer** des Druckers ist, ist ein gutgläubiger anwartschaftsrechtsfreier Eigentumserwerb des N gemäß **§ 936 Abs. 3 analog** ausgeschlossen.

Ein mit Sachbesitz verbundenes Sachenrecht braucht also dem guten Glauben des Erwerbers nicht zu weichen, § 936 Abs. 3.

Mithin ist das Anwartschaftsrecht des K nicht erloschen, sodass er letztlich trotz der zwischenzeitlich wirksamen Zwischenverfügung von F an N geschützt ist.

N hat das Eigentum demnach am 30.07. gemäß § 161 Abs. 1 an K verloren.

III. N hat somit gegen K keinen Herausgabeanspruch nach § 985.

---

113 BGH NJW 1966, 1020; MüKo/Oechsler § 936 Rn. 16.

Fall 24: Der Ersterwerb des Anwartschaftsrechts

Hersteller F produziert Kaffeemaschinen für Gewerbetreibende. Er verkauft an den Großhändler K unter verlängertem Eigentumsvorbehalt 100 Kaffeemaschinen. Dieser wiederum verkauft seinerseits die Geräte aus diesem Bestand unter Eigentumsvorbehalt an den Restaurant- und Eisdielenbetreiber M. Entsprechend seiner üblichen Geschäftspraxis vereinbart M mit K den Ausschluss der Abtretung der gegen ihn gerichteten Kaufpreisforderung. Als F den K mit seiner Verlobten in flagranti erwischt und sich auch noch der Marktpreis für die Maschinen erheblich steigert, beschließt F, die Maschinen anderweitig zu veräußern, zumal K den fälligen Kaufpreis immer noch nicht erbracht hat. Er verlangt von M die Maschinen heraus, der diese unter Hinweis auf die mit K getroffenen Vereinbarungen verweigert, obwohl auch M die Maschinen bislang nicht bei K bezahlt hat.

Kann F von M die Kaffeemaschinen herausverlangen?

F könnte gegen M einen Anspruch auf Herausgabe der Kaffeemaschinen aus § 985 haben.

Dann müsste F Eigentümer und M besitzrechtsloser Besitzer der Kaffeemaschinen sein.

I. Fraglich ist, ob **F Eigentümer der Maschinen** ist. Ursprünglich standen diese im Eigentum des F.

1. Möglicherweise hat F das **Eigentum** aber durch Übergabe und Übereignung **nach § 929 S. 1** an K **verloren**.

F und K haben sich – im Rahmen der schuldrechtlichen Vereinbarung beim Abschluss des Eigentumsvorbehaltskaufvertrages[114] nach §§ 433, 449 Abs. 1 – darauf verständigt, dass K unter der aufschiebenden Bedingung der vollständigen Kaufpreiszahlung Eigentum an den Maschinen erlangen soll, **§§ 929 S. 1, 158 Abs. 1**.

Da diese Bedingung noch nicht eingetreten ist, ist ein Eigentumsübergang von F auf K noch nicht erfolgt.

2. F hat das **Eigentum** an den Maschinen aber an M **verloren**, wenn K eine wirksame Übereignung **nach § 929 S. 1** an M vorgenommen hat.

Aber auch im Verhältnis zwischen K und M ist ein Eigentumsvorbehaltskaufvertrag i.S.d §§ 433, 449 Abs. 1 geschlossen worden. Die dingliche Einigung **i.S.d. § 929 S. 1** ist also ebenfalls nach **§ 158 Abs. 1** aufschiebend bedingt durch die vollständige Kaufpreiszahlung des M erfolgt. Da auch M seine volle Kaufpreisverbindlichkeit gegenüber K nicht erbracht hat, ist die vereinbarte Bedingung nicht eingetreten, sodass M kein Eigentum erlangt hat.

F ist Eigentümer der Kaffeemaschinen geblieben.

> Hier handelt es sich um einen **verlängerten Eigentumsvorbehalt**, der auf den einfachen Eigentumsvorbehalt folgt: Es sind daher beide Eigentumsvorbehalte so hintereinander geschaltet, dass der ursprüngliche Eigentümer sein Eigentum erst dann verliert, wenn einer der beiden EV-Käufer den vollständigen Kaufpreis erbringt.

---

114 Vgl. dazu Palandt/Weidenkaff § 449 Rn. 1.

4. Teil — Das Anwartschaftsrecht an beweglichen Sachen

II. M ist **unmittelbarer Besitzer** der Maschinen i.S.d. **§ 854 Abs. 1**. Seine Angestellten in den jeweiligen Lokalitäten sind lediglich Besitzdiener i.S.d. **§ 855**.[115]

III. Schließlich ist fraglich, ob M ein **Recht zum Besitz i.S.d. § 986 Abs. 1** zusteht.

1. In Betracht kommt ein **schuldrechtliches (= obligatorisches) Besitzrecht** des M.

a) Da F und M keine schuldrechtlichen Beziehungen eingegangen sind, steht M ein **eigenes schuldrechtliches Besitzrecht** i.S.d. § 986 Abs. 1 S. 1 Var. 1 gegen F nicht zu.

b) Er könnte allerdings ein von K **abgeleitetes schuldrechtliches Besitzrecht**[116] i.S.d. § 986 Abs. 1 S. 1 Var. 2 gegenüber F geltend machen.

aa) Dann müsste M als **Besitzer gegenüber dem Dritten K besitzberechtigt** sein. Aufgrund des zwischen diesen beiden geschlossenen Kaufvertrages ist K verpflichtet, M nach § 433 Abs. 1 S. 1 den Besitz an den Maschinen zu verschaffen, sodass eine Besitzberechtigung des M gegenüber K gegeben ist.

bb) Weiter müsste der **Dritte K gegenüber dem Eigentümer F besitzberechtigt** sein. Auch K ist, solange F keine Konsequenzen aus der Nichtleistung des K zieht, aus dem Vorbehaltskaufvertrag mit F ihm gegenüber nach § 433 Abs. 1 S. 1 zum Besitz berechtigt.

cc) Schließlich ergibt sich aus der **systematischen Auslegung des § 986 Abs. 1 S. 2**, dass der Besitzer M nur dann ein abgeleitetes Besitzrecht des K geltend machen kann, wenn K als Dritter dem Eigentümer F gegenüber **zur Weitergabe des Besitzes** an den nunmehrigen Besitzer M **befugt** ist.[117] Eine solche Weitergabebefugnis des K gegenüber F könnte sich vorliegend aus dem vereinbarten **verlängerten Eigentumsvorbehalt** ergeben. Diese Vereinbarung beinhaltet sogar die Befugnis des Vorbehaltskäufers, hier des K, zur Weiterveräußerung und damit erst recht die Befugnis, dem jeweiligen Erwerber den Besitz verschaffen.[118]

Diese **Befugnis des K** aus dem verlängerten Eigentumsvorbehalt ist aber nach § 158 Abs. 1 dadurch aufschiebend **bedingt**, dass der Vorbehaltsverkäufer, hier F, die im Voraus an ihn abgetretenen Forderungen aus dem Geschäft des K mit M tatsächlich erhält, sich die **Weiterveräußerung also im Rahmen der Absprachen**, also im ordnungsgemäßen Geschäftsgang, vollzieht. Vorliegend haben K und M aber ein gemäß § 399 Var. 2 grundsätzlich zulässiges **Abtretungsverbot** vereinbart. F konnte demnach grundsätzlich nicht Inhaber der im Voraus an ihn abgetretenen Kaufpreisforderung des K gegen M werden. Folglich wäre die Bedingung hier nicht eingetreten, sodass K nicht zur Weitergabe des Besitzes an den Kaffeemaschinen befugt gewesen sein könnte.[119]

Der **Inhalt des verlängerten Eigentumsvorbehalts** ist:
1) Verkäufer verkauft an Käufer unter EV, §§ 433, 449
2) Verkäufer überträgt Eigentum unter aufschiebender Bedingung der vollständigen Kaufpreiszahlung, §§ 929 S. 1, 158 Abs. 1
3) Vorbehaltskäufer wird zur Weiterveräußerung im ordnungsgemäßen Geschäftsgang ermächtigt, § 185 Abs. 1
4) Ermächtigung steht unter Bedingung der Vorausabtretung der Forderungen gegen den Abkäufer aus der Weiterveräußerung nach § 398
5) Ermächtigung zur Einziehung der abgetretenen Forderungen (§§ 362 Abs. 2, 185 Abs. 1) und Verpflichtung, diese weiterzuleiten.

---

115 Vgl. dazu Palandt/Herrler § 855 Rn. 1 ff.
116 Palandt/Herrler § 986 Rn. 7 f.
117 MüKo/Baldus § 986 Rn. 50 ff.; Palandt/Herrler § 986 Rn. 7.
118 Palandt/Weidenkaff § 449 Rn. 18; MüKo/Westermann § 449 Rn. 53.
119 Im Ergebnis ebenso: BGHZ 27, 306.

Allerdings könnte trotz der Vereinbarung zwischen M und K die Vorausabtretung des K an F gemäß **§ 354 a Abs. 1 S. 1, 3 HGB** wirksam sein. Vorliegend handelt es sich bei K und M um Kaufleute i.S.d. § 1 Abs. 1, 2 HGB, die ein Handelsgewerbe betreiben und daher ein beiderseitiges Handelsgeschäft i.S.d. § 343 HGB abgeschlossen haben. Folglich ist nach § 354 a Abs. 1 S. 1 HGB die Abtretung an F trotz gegenteiliger Vereinbarung wirksam.

Da F die Kaufpreisforderung des K gegen M erhalten hat, ist die Bedingung für die Weitergabe des Besitzes durch K an M eingetreten, sodass eine befugte Weitergabe vorlag.

§ 354 a HGB ist als Ausnahme zum § 399 Var. 2 zu beachten.[120]

Daher hat M ein auch gegen F wirkendes, von K abgeleitetes Besitzrecht nach § 986 Abs. 1 S. 1 Var. 2, sodass ein Anspruch des F gegen M auf Herausgabe der Maschinen nicht begründet ist.

2. Neben dem abgeleiteten schuldrechtlichen Besitzrecht könnte M auch ein **eigenes dingliches Besitzrecht i.S.d. § 986 Abs. 1 S. 1 Var. 1** zustehen.

Zwar ist, wie oben bereits festgestellt, M noch nicht Eigentümer der Maschinen geworden. Möglicherweise kann er aber ein Besitzrecht aus einem, ihm eventuell zustehenden, **Anwartschaftsrecht** geltend machen.

a) Umstritten ist allerdings, ob ein **Anwartschaftsrecht** als solches überhaupt ein **Recht zum Besitz** gibt.

aa) Einer Ansicht nach könne ein dingliches **Recht zum Besitz nicht allein aufgrund eines Anwartschaftsrechts** begründet werden, da das Anwartschaftsrecht kein dingliches Recht sei. Im Gegensatz zu dinglichen Rechten sei das Anwartschaftsrecht vom schuldrechtlichen Grundgeschäft, nämlich dem Eigentumsvorbehaltskaufvertrag, abhängig, da es nur so lange Bestand habe, wie der Bedingungseintritt noch möglich sei. Im Übrigen sei der Anwartschaftsberechtigte nicht schutzwürdig, weil er durch die Zahlung des Restkaufpreises den Erwerb des Volleigentums einseitig herbeiführen könne und damit den Anspruch des bisherigen Eigentümers aus § 985 vernichten könne.[121]

bb) Einer anderen Ansicht nach stellt das **Anwartschaftsrecht ein gegenüber jedermann wirkendes Besitzrecht** dar. Dem Anwartschaftsberechtigten sei das im Eigentum enthaltene Recht zum Besitz und zur Nutzung schon übertragen worden. Auch sei der Erwerb des Anwartschaftsrechts für den Berechtigten nur sinnvoll, wenn er zugleich eine Sicherung erlange. Einen Anwartschaftsberechtigten bis zum Bedingungseintritt wie einen unrechtmäßigen Besitzer zu behandeln, sei nicht sachgerecht.[122]

cc) Da beide Ansichten zu unterschiedlichen Ergebnissen kommen, ist insoweit eine **Streitentscheidung** erforderlich. Der letztgenannten Ansicht ist zu folgen. Insbesondere die Regelung des § 936 Abs. 3 zeigt schließlich, dass der Erwerb des Anwartschaftsrechts für den Berechtigten nur dann tatsächlich eine nicht zerstörbare Erwerbsposition darstellt, wenn er Besitzer bleibt. Denn nur dann kann auch ein Gutgläubiger nicht ein lastenfreies, also anwartschaftsrechtsfreies, Eigentum erlangen.

---

120 MüKo/Roth/Kieninger § 399 Rn. 44 ff.; Palandt/Grüneberg § 399 Rn. 9.
121 BGHZ 10, 69, 72; MüKo/Baldus § 986 Rn. 15 ff.; Staudinger/Gursky § 986 Rn. 13.
122 OLG Karlsruhe NJW 1966, 885; Palandt/Herrler § 929 Rn. 41; Baur/Stürner § 59 Rn. 47.

4. Teil   Das Anwartschaftsrecht an beweglichen Sachen

Mithin gibt ein Anwartschaftsrecht als solches ein Recht zum Besitz.

b) Dann müsste dem M ein Anwartschaftsrecht an den Kaffeemaschinen zustehen. M könnte von K ein Anwartschaftsrecht im Wege des Ersterwerbs gemäß **§§ 929 S. 1, 158 Abs. 1** erworben haben.

Das **Anwartschaftsrecht** ist nicht im Gesetz geregelt. Der originäre **Ersterwerb** des Anwartschaftsrechtes vom Berechtigten erfolgt nach den §§ 929 ff., 158 Abs. 1. Für den **Zweiterwerb**, also die Übertragung dieses Anwartschaftsrechtes, werden die Vorschriften über das Vollrecht **analog** angewandt, **§§ 929 ff. analog.**[123]

aa) Dazu müssten sich K und M zunächst unter Vereinbarung einer aufschiebenden Bedingung gemäß §§ 929 S. 1, 158 Abs. 1 über den Eigentumsübergang geeinigt haben.

K und M haben sich gemäß §§ 929 S. 1, 158 Abs. 1 **aufschiebend bedingt** über den Eigentumsübergang an den Kaffeemaschinen durch vollständige Zahlung des Kaufpreises im Rahmen der Vereinbarung des einfachen Eigentumsvorbehalts (§ 449 Abs. 1) **geeinigt**.

bb) Ferner müsste K dem M die Maschinen i.S.d. § 929 S. 1 **übergeben** haben.

Hier hat M den **unmittelbaren Besitz auf Veranlassung des Veräußerers** und bisherigen unmittelbaren Besitzers K erlangt.

Weiterhin müsste K seine besitzrechtliche Position völlig verloren haben. Allerdings stellt der **Eigentumsvorbehaltskaufvertrag** ein **Rechtsverhältnis i.S.d. § 868** dar, sodass K mittelbarer Besitzer der Maschinen geblieben ist. Der Vorbehaltsverkäufer will nicht seine besitzrechtliche Position vollständig aufgeben, solange der Kaufpreis noch nicht vollständig bezahlt ist. Demnach ist rein begrifflich eine Übergabe i.S.d. § 929 S. 1 nicht gegeben.

Der Übergabebegriff des § 929 S. 1 ist i.R.d. Entstehungstatbestands eines Anwartschaftsrechts insoweit zu modifizieren, dass ein vollständiger Besitzverlust auf Veräußererseite nicht vorliegen muss.

Anerkanntermaßen ist aber beim Entstehungstatbestand des Anwartschaftsrechts **ausnahmsweise** nicht der vollständige Besitzverlust auf Veräußererseite zu verlangen. Sonst käme die Einräumung eines Anwartschaftsrechts auf Grundlage des § 929 S. 1 nie in Betracht, weil bei einer bedingten Übereignung der Veräußerer immer zumindest mittelbarer Besitzer bleibt.

Somit sind die Maschinen auch gemäß § 929 S. 1 übergeben.

cc) Fraglich ist, ob K auch zur Einräumung eines Anwartschaftsrechts am Eigentum des F an den Kaffeemaschinen **berechtigt** war.

Zur originären Bestellung eines Anwartschaftsrechtes im Wege des Ersterwerbs ist nur der wahre Inhaber des zu belastenden Rechts, also der verfügungsbefugte Eigentümer oder der verfügungsbefugte Nichteigentümer, der vom wahren Rechtsinhaber zur Verfügung gemäß § 185 Abs. 1 ermächtigt oder aber gesetzlich verfügungsbefugt ist, berechtigt.[124]

Mangels Eigentümerstellung des K (s.o.) müsste er demgemäß verfügungsbefugter Nichteigentümer sein, um das Anwartschaftsrecht zugunsten des M zu bestellen. Die Verfügungsbefugnis des K ergibt sich aus der im Rahmen des verlängerten Eigentumsvorbehalts vereinbarten Weiterveräußerungsermächtigung nach § 185 Abs. 1. Zwar hätte die Vereinbarung eines Abtretungsverbots i.S.d. § 399 Var. 2, die im Rahmen eines ordnungsgemäßen Geschäftsgangs nicht zu erwarten ist, die Weiterveräußerungsermäch-

---

123   MüKo/Westermann § 449 Rn. 48 f.
124   BGHZ 75, 221; Palandt/Herrler § 929 Rn. 38.

70

tigung entfallen lassen. Aber hier ist selbst bei Vereinbarung eines Abtretungsverbots i.S.d. § 399 Var. 2 die Abtretung nach § 354 Abs. 1 S. 1, 3 HGB zwischen Kaufleuten wirksam (s.o.), sodass die Verfügungsbefugnis des K in jedem Fall besteht.

Wenn K also zur Übertragung des Eigentums auf M berechtigt war, muss er **erst recht** befugt sein, dem M lediglich bedingtes Eigentum zu übertragen. Mithin ist eine Berechtigung nach § 185 Abs. 1 gegeben.

dd) Des Weiteren muss der Bedingungseintritt noch möglich sein, damit das Anwartschaftsrecht zum Vollrecht (Eigentum) erstarken kann.

Der **Eintritt der Bedingung** in Form der vollständigen Kaufpreiszahlung im Verhältnis des M zu K war auch **möglich**.

M hat folglich im Wege des originären Ersterwerbs ein Anwartschaftsrecht an den Kaffeemaschinen des F erworben.

Mithin hat M durch das Anwartschaftsrecht an den Maschinen ein dingliches Besitzrecht nach § 986 Abs. 1 S. 1 Var. 1 erworben.

M hat somit sowohl ein von K abgeleitetes schuldrechtliches Besitzrecht nach § 986 Abs. 1 S. 1 Var. 2 als auch ein dingliches Besitzrecht nach § 986 Abs. 1 S. 1 Var. 1 aus dem Anwartschaftsrecht.

IV. Ein Herausgabeanspruch des F gegen M aus § 985 ist daher nicht gegeben.

Fall 25: Das Anwartschaftsrecht in der Insolvenz

Der Gewerbetreibende F verkauft und liefert an den Mitbewerber K eine Textilmaschine unter (einfachem) Eigentumsvorbehalt. Noch bevor die Kaufpreisraten getilgt werden, wird über das Vermögen des F das Insolvenzverfahren eröffnet. Der zum Insolvenzverwalter bestellte W erklärt, dass er in den bestehenden Vertrag nicht eintreten werde und verlangt die Maschine von K heraus. K, der mit der neuen Maschine sehr zufrieden ist, möchte diese lieber behalten und die restlichen Kaufpreisraten zahlen.

Wie ist die Rechtslage?

W könnte gegenüber K einen Anspruch auf Herausgabe der Maschine aus § 985 haben.

I. Dazu müsste W als Anspruchsteller grundsätzlich **Eigentümer** der Maschine sein.

W ist vorliegend aber nicht Eigentümer der Maschine. Vielmehr hat sich F wirksam das Eigentum vorbehalten. Folglich hätte W keinen Herausgabeanspruch gegen K aus § 985, es sei denn, er könnte das Eigentumsrecht des F aus § 985 im eigenen Namen geltend machen.[125]

Dies könnte aufgrund seiner Stellung als Insolvenzverwalter gemäß **§ 80 Abs. 1 InsO** der Fall sein. Die Eröffnung des Insolvenzverfahrens bewirkt nicht den Rechtsübergang auf den Insolvenzverwalter.[126] Der Schuldner bleibt Rechtsinhaber und verliert nach § 80 Abs. 1 InsO lediglich sein Verfügungsrecht und ist daher ab diesem Zeitpunkt – wegen des absoluten Veräußerungsverbots gemäß § 81 Abs. 1 InsO – Nichtberechtigter.[127] Demgegenüber ist der Insolvenzverwalter, obwohl er nicht Rechtsinhaber ist, **verfügungsbefugt**. Seine Verfügungsbefugnis ergibt sich aus dem Gesetz (§ 80 Abs. 1 InsO). Er macht also im Prozess ein fremdes Recht im eigenen Namen geltend und handelt somit aufgrund einer gesetzlichen Prozessstandschaft. Er ist folglich Partei kraft Amtes und daher befugt, die Eigentümerstellung des F nebst der damit verbundenen Rechte in seinem Namen geltend zu machen.

II. K ist **unmittelbarer Besitzer** der Maschine, § 854 Abs. 1.

III. Fraglich ist, ob K ein **Recht zum Besitz i.S.d. § 986** zusteht.

Ein Recht zum Besitz des K könnte sich vorliegend aus dem mit F wirksam geschlossenen Eigentumsvorbehaltskaufvertrag nach §§ 433 Abs. 1 S. 1, 449 ergeben. Da das Eigentumsrecht des F durch W geltend gemacht wird, könnte dieses schuldrechtliche Recht zum Besitz auch ihm als Anspruchsteller gegenüber geltend gemacht werden.

Des Weiteren könnte sich K auf ein etwaiges Recht zum Besitz aus dem erlangten Anwartschaftsrecht an der Maschine berufen *(str.; vgl. Fall 24)*.

---

125 Vgl. dazu Palandt/Herrler § 929 Rn. 7.
126 MüKo/Baldus § 985 Rn. 15; MüKo/Ott/Vuia § 80 InsO Rn. 6 f.
127 MüKo/Ott/Vuia § 81 InsO Rn. 13.

Allerdings könnte durch die **Eröffnung des Insolvenzverfahrens** der Eigentumsvorbehaltskaufvertrag umgestaltet worden sein, sodass sich daraus ein Recht zum Besitz nicht mehr ableiten ließe. Da dann die Bedingung der vollständigen Kaufpreiszahlung nicht mehr möglich und daher das Anwartschaftsrecht erloschen wäre, könnte sich auch daraus kein Recht zum Besitz i.S.d. § 986 ergeben.

Sind zum Zeitpunkt der Insolvenzeröffnung die Vertragspflichten aus einem gegenseitigen Vertrag i.S.d. §§ 320 ff. nicht oder nicht vollständig erfüllt, so erfolgt deren Abwicklung nach den **§§ 103 ff. InsO**. Die gegenseitigen Verträge werden grundsätzlich umgestaltet, wenn der Insolvenzverwalter im Rahmen des ihm nach § 103 InsO zustehenden **Wahlrechts** nicht die Erfüllung verlangt. An die Stelle der gegenseitigen Erfüllungsansprüche tritt dann ein einseitiger Anspruch des Vertragspartners auf Schadensersatz wegen Nichterfüllung, der nach § 103 Abs. 2 S. 1 InsO nur als Insolvenzforderung behandelt wird und daher i.d.R. lediglich quotenmäßig bedient wird. Vorliegend verweigert W die Erfüllung des Kaufvertrages, sodass ein Recht zum Besitz des K wegen der dadurch erfolgten Umgestaltung des Vertrages nicht gegeben wäre.

Jedoch ist in **§ 107 InsO** von dem Grundsatz des Wahlrechts des Insolvenzverwalters eine **Ausnahme** geregelt. Demnach kann der besitzende Käufer einer unter **Eigentumsvorbehalt** verkauften beweglichen Sache die Erfüllung des Kaufvertrages verlangen. In diesen Fällen hat der Insolvenzverwalter die Pflicht, zu erfüllen. Das bedeutet, dass § 107 Abs. 1 InsO lex specialis zum Wahlrecht des Insolvenzverwalters aus § 103 Abs. 1 InsO ist.[128]

Das Anwartschaftsrecht ist insolvenzfest, § 107 InsO.

Die Eröffnung des Insolvenzverfahrens kann folglich das Recht zum Besitz eines Eigentumsvorbehaltskäufers nicht beeinträchtigen.

K, der auf Erfüllung besteht, hat demnach nach wie vor ein Recht zum Besitz aus dem Vorbehaltskaufvertrag und dem Anwartschaftsrecht *(vgl. Fall 24)*.

IV. Der Anspruch des W auf Herausgabe der Maschine aus § 985 ist demnach nicht gegeben.

---

128 MüKo/Ott/Vuia § 107 InsO Rn. 12.

4. Teil

Das Anwartschaftsrecht an beweglichen Sachen

Fall 26: Der gutgläubige Ersterwerb des Anwartschaftsrechts vom Nichtberechtigten

Der Einzelhändler F verkauft und liefert an seinen Kunden K zwei Laserdrucker unter Eigentumsvorbehalt. Diese waren F aber eigentlich vom Eigentümer M zur Reparatur übergeben worden. Dabei ging K davon aus, dass die Drucker im Eigentum des F standen. Als später M von den Geschehnissen erfährt, ruft er K an und klärt ihn auf. K, der mit den Druckern sehr zufrieden ist, möchte diese aber nicht herausgeben. Er fährt umgehend zu F und zahlt die noch ausstehende Kaufpreissumme. M verlangt die beiden Drucker heraus.

Zu Recht?

M könnte gegen K einen Anspruch auf Herausgabe der beiden Laserdrucker aus § 985 haben.

Dann müsste M Eigentümer und K besitzrechtsloser Besitzer der Laserdrucker sein.

I. Ursprünglich gehörten die Drucker dem M, standen also in seinem **Eigentum**.

1. M könnte das Eigentum an den Druckern aber dadurch verloren haben, dass F dem K originär ein Anwartschaftsrecht daran nach **§§ 929 S. 1, 158 Abs. 1** eingeräumt hat und die vereinbarte aufschiebende Bedingung eingetreten ist, sodass das Anwartschaftsrecht des K zum Vollrecht (= Eigentum) des K erstarkt.

K könnte ein Anwartschaftsrecht an den Laserdruckern originär vom Berechtigten F erworben haben.

a) F und K haben sich **aufschiebend bedingt** bis zur vollständigen Zahlung des Kaufpreises nach §§ 929 S. 1, 158 Abs. 1 über den Eigentumsübergang an den Druckern **geeinigt**.

b) Ferner ist in Vollziehung der bedingten Einigung auch die **Übergabe** gemäß § 929 S. 1 erfolgt. Ein vollständiger Besitzverlust des Veräußerers F ist zwar nicht gegeben, aber dies ist im Rahmen des originären Ersterwerbs für die Entstehung eines Anwartschaftsrechts entbehrlich *(vgl. Fall 24)*.

Trotz nicht vorhandener dinglicher Berechtigung ist der geschlossene Eigentumsvorbehaltskaufvertrag zwischen F und K wirksam, Abstraktionsprinzip!

c) Ferner müsste F zur originären Bestellung eines Anwartschaftsrechtes an den Druckern **berechtigt** gewesen sein.

F waren die Drucker von M jedoch nur zur Reparatur übergeben worden, sodass er weder verfügungsbefugter Eigentümer noch verfügungsbefugter Nichteigentümer und damit auch nicht berechtigt war, dem K an den Druckern originär ein Anwartschaftsrecht einzuräumen.

d) Insofern kann dahinstehen, dass der von F und K geschlossene Kaufvertrag wirksam ist und demgemäß der vereinbarte **Bedingungseintritt**, die vollständige Zahlung des Kaufpreises, **noch möglich** ist.

74

Fall 26: Der gutgläubige Ersterwerb des Anwartschaftsrechts vom Nichtberechtigten

Mithin hat K kein Anwartschaftsrecht an den Laserdruckern originär vom Berechtigten F erworben.

2. Jedoch könnte K das Anwartschaftsrecht gutgläubig nach **§§ 929 S. 1, 158 Abs. 1, 932 ff.** vom Nichtberechtigten F erworben haben.

a) Ein **Rechtsgeschäft im Sinne eines Verkehrsgeschäfts** liegt vor.

b) Durch die **Übergabe** der Drucker an K spricht auch der **Rechtsschein des Besitzes** für F.

c) Im Zeitpunkt der Vollendung des Anwartschaftsrechtserwerbs, hier der Übergabe der Drucker, war K hinsichtlich der Berechtigung des F auch **gutgläubig** i.S.v. **§ 932 Abs. 2**. Über die Geschehnisse wurde er erst später von M informiert.

d) Ein **Abhandenkommen gemäß § 935 Abs. 1** der Drucker ist auch nicht gegeben. Vielmehr hat M diese willentlich dem F zur Reparatur ausgehändigt.

K hat demnach vom Nichtberechtigten F das Anwartschaftsrecht an den Druckern nach §§ 929 S. 1, 158 Abs. 1, 932 Abs. 1 S. 1 im Wege des gutgläubigen Ersterwerbes erworben.

3. Die mit F vereinbarte Bedingung – vollständige Kaufpreiszahlung an F – ist später eingetreten, jedoch wusste K in diesem Zeitpunkt, dass F nicht Eigentümer der Drucker war. Er war zu diesem Zeitpunkt bösgläubig.

Die **nachträgliche Bösgläubigkeit** ist allerdings **unschädlich**. Die einmal erlangte gesicherte Erwerbsposition wird nach einhelliger Ansicht nicht dadurch zerstört, dass der Anwartschaftsberechtigte später bösgläubig wird. Wer ein wirksames Anwartschaftsrecht erlangt hat, kann sich darauf verlassen, dass mit dem Bedingungseintritt der Eigentumserwerb erfolgt.[129]

Aufgrund des von K durch die Kaufpreiszahlung herbeigeführten Bedingungseintritts ist das nach §§ 929 S. 1, 158 Abs. 1, 932 Abs. 1 S. 1 vom Nichtberechtigten F erworbene Anwartschaftsrecht bei K zum Vollrecht erstarkt, sodass K mithin die Laserdrucker gutgläubig erworben hat.

II. Somit hat M sein Eigentum an den Laserdruckern an K verloren und hat daher gegenüber K keinen Herausgabeanspruch nach § 985.

Ebenso wenig schadet es, wenn der gutgläubige Eigentumserwerber nach Übergabe bzw. nach Vereinbarung eines Übergabesurrogats bösgläubig wird.

---

129 BGHZ 10, 69, 72 ff.; Palandt/Herrler § 932 Rn. 16; Staudinger/Beckmann § 449 Rn. 76; Medicus/Petersen, Bürgerliches Recht, Rn. 465; Krüger JuS 1994, 905 f.

4. Teil Das Anwartschaftsrecht an beweglichen Sachen

Fall 27: Konkurrenz von Sicherungseigentum und Vermieter-pfandrecht

Der Gewerbetreibende F handelt mit Industriemaschinen und nimmt für sein Gewerbe bei der B-Bank einen Kredit i.H.v. 200.000 € auf. Da die B-Bank Sicherheiten verlangt, wird am 20.05. folgende Vereinbarung getroffen:

„Der Sicherungsgeber F übereignet der B alle Waren, die sich in dem von F angemieteten Lagerraum befinden und künftig befinden werden. Über die entsprechenden Gegenstände schließen die Parteien einen unentgeltlichen Verwahrungsvertrag ab."

Am 15.07. erwirbt F von O eine neue Textilmaschine unter Eigentums-vorbehalt und stellt sie am gleichen Tag in das im Übrigen leere Lager, welches er von seinem Vetter V angemietet hatte. Vollständig bezahlt wird der Kaufpreis am 20.09. Später kommt F in eine wirtschaftliche Kri-se und kann die Rückzahlung des Darlehens nicht mehr aufbringen. Da-her betreibt die B-Bank die Zwangsvollstreckung in die Maschine, die ei-nen Erlös von 8.000 € einbringt. V, der von der Abholung durch den Ge-richtsvollzieher keine Kenntnis hat, meint nach der Versteigerung, dass F ihm noch 8.000 € Miete schulde und er daher insoweit vorzugsweise zu befriedigen sei.

V fragt seinen Rechtsanwalt, ob eine auf vorzugsweise Befriedigung aus dem Erlös der Zwangsvollstreckung gerichtete Klage Erfolg hätte. Was wird ihm der Rechtsanwalt antworten?

Der Rechtsanwalt des V wird V antworten, dass eine Klage auf vorzugswei-se Befriedigung Erfolg hat, wenn sie zulässig und soweit sie begründet ist.

A. Zulässigkeit

Eine Klage des V müsste also zunächst einmal zulässig sein.

I. Statthafte Klageart

Beachte: Die Klagearten aus §§ 771, 805 ZPO sind unzulässig, wenn die Zwangsvollstreckung be-endet ist. Dies ist aber erst dann der Fall, wenn der Erlös an den Vollstre-ckungsgläubiger ausge-kehrt wird. Vorliegend wurde der Erlös gerade noch nicht ausgekehrt.

Dazu müsste V die **statthafte Klageart** erheben.

Die statthafte Klageart richtet sich nach dem Klägerbegehren. Insoweit könnte V eine Drittwiderspruchsklage nach § 771 ZPO erheben, wenn ihm an der Sache ein die Veräußerung hinderndes Recht zusteht. Pfandrechte stellen ein solches Interventionsrecht allerdings nur dann dar, wenn es sich um Besitzpfandrechte handelt. Für **besitzlose Pfandrechte**, worunter das etwaige Vermieterpfandrecht des V nach §§ 578 Abs. 1, 562 Abs. 1 S. 1 fal-len würde (bloß mittelbarer Besitz genügt nicht), ist die Klage auf vorzugs-weise Befriedigung nach **§ 805 ZPO** der **speziellere Rechtsbehelf**.[130] Dies entspricht auch dem Klagebegehren des V, der nicht die Verwertung des Gegenstandes verhindern will, sondern eine vorzugsweise Befriedigung aus dem Erlös der Verwertung anstrebt.

Die Klage nach § 805 ZPO auf vorzugsweise Befriedigung aus dem Erlös der Zwangsvollstreckung ist mithin der statthafte Rechtsbehelf.

---

130 Baumbach/Lauterbach/Hotmann § 805 ZPO Rn. 3; Staudinger/Emmerich § 562a Rn. 6.

76

Fall 27: Konkurrenz von Sicherungseigentum und Vermieterpfandrecht

II. Zuständigkeit des Gerichts

Die **Zuständigkeit des Gerichts** als Vollstreckungsgericht richtet sich nach **§§ 805 Abs. 2, 764 Abs. 2, 802 ZPO**. Es handelt sich dabei um einen ausschließlichen Gerichtsstand.

III. Mangels anderweitiger Anhaltspunkte ist auch von der **Zulässigkeit im Übrigen** auszugehen.

B. Begründetheit

Die Klage aus § 805 ZPO ist begründet, wenn dem V ein Vermieterpfandrecht zusteht und dieses Recht etwaigen Rechten der B-Bank vorgeht.

I. Vorliegend könnte ein **Vermieterpfandrecht** nach §§ 578 Abs. 1, 562 Abs. 1 S. 1 **entstanden** sein.

1. V und F haben einen wirksamen **Mietvertrag** nach §§ 535 ff. geschlossen.

2. Des Weiteren stehen dem V auch gegen F **Zahlungsansprüche** aus dem Mietverhältnis nach § 535 Abs. 2 zu.

> Die Forderung des Vermieters muss aus dem Mietverhältnis stammen (Akzessorietätsgedanke).

3. Die Textilmaschine müsste nach § 562 Abs. 1 in die Mieträume **„eingebracht"** worden sein.
Das ist dann der Fall, wenn der Mieter die Sache willentlich in den durch das Mietverhältnis vermittelten Machtbereich des Vermieters hineinschafft und dies nicht nur zum vorübergehenden Zweck erfolgt.[131]

a) Vorliegend hat F die Maschine willentlich in den Lagerraum und damit in den **Machtbereich** des Vermieters verbracht.

b) Dies ist auch **nicht nur zu einem vorübergehenden Zweck** erfolgt. Zwar sollte die Maschine nur bis zum Weiterverkauf durch den Maschinenhändler F in dem Lagerraum verbleiben. Jedoch ergibt sich aus dem Umkehrschluss des § 562 a S. 2, dass eine Wiederveräußerungsabsicht der Entstehung eines Vermieterpfandrechts nicht entgegensteht.[132]

c) Das Vermieterpfandrecht entsteht allerdings nur an **Sachen des Mieters**, also an Sachen des F.

aa) Eigentümerstellung des F am 15.07.

F könnte bereits im Zeitpunkt der Einlagerung der Maschine, am 15.07., Eigentümer gewesen sein. Die Übereignungserklärung des O an F wurde aber wegen des vereinbarten Eigentumsvorbehaltskaufvertrages gemäß §§ 929 S. 1, 158 Abs. 1 unter der aufschiebenden Bedingung der vollständigen Kaufpreiszahlung abgegeben. Im Zeitpunkt der Einlagerung am 15.07. in den Räumlichkeiten des V hatte F seine Kaufpreisverbindlichkeit gegenüber O noch nicht erfüllt. Daher war die Bedingung noch nicht eingetreten, sodass zu diesem Zeitpunkt O noch Eigentümer war.

> An fremden Sachen erwirbt der Vermieter auch nicht kraft guten Glaubens ein Vermieterpfandrecht, weil die Regelungen des rechtsgeschäftlichen Pfandrechts und damit auch die des gutgläubigen Erwerbs nach § 1244 nur auf bereits **entstandene** gesetzliche Pfandrechte Anwendung findet (vgl. § 1257), ein gutgläubiger Ersterwerb nach §§ 578 Abs. 1, 562 Abs. 1 S. 1 aber erst zum **Entstehen** des Pfandrechts führen würde.

bb) Eigentümerstellung des F am 20.09.

F hat aber am 20.09. mit Zahlung des Kaufpreises das Eigentum an der Maschine erlangt, wenn er zunächst vom Verkäufer O ein Anwartschaftsrecht

---

131 OLG Frankfurt ZMR 2006, 609; Palandt/Weidenkaff § 562 Rn. 6.
132 Staudinger/Emmerich § 562 a Rn. 18.

| 4. Teil | Das Anwartschaftsrecht an beweglichen Sachen |

erworben hätte und dieses am 20.09. in seiner Person zum Vollrecht erstarkt wäre.

(1) F könnte ein **Anwartschaftsrecht im Wege des Ersterwerbs** von O gemäß **§§ 929 S. 1, 158 Abs. 1** erworben haben.

Vorliegend haben sich F und O auf einen bedingten Eigentumsübergang gemäß §§ 929 S. 1, 158 Abs. 1 geeinigt. Eine Übergabe der Maschine an F ist ebenfalls erfolgt, wobei ein vollständiger Besitzverlust hier ausnahmsweise nicht vorliegen muss *(vgl. Fall 24)*. O war als Eigentümer der Maschine berechtigt, dem F ein Anwartschaftsrecht an der Maschine einzuräumen. Schließlich war auch der Bedingungseintritt in Form der vollständigen Kaufpreiszahlung möglich. Daher hat F das Anwartschaftsrecht an der Textilmaschine erlangt.

(2) Damit dieses Anwartschaftsrecht am 20.09. in der Person des F zum Vollrecht erstarkt, dürfte es nicht zuvor auf einen anderen übergegangen sein.

Der Zweiterwerb, also die **Übertragung des Anwartschaftsrechts**, erfolgt nicht durch Abtretung gemäß §§ 413, 398, sondern **analog** der **§§ 929 ff**.
Zur Bestellung (Ersterwerb) des Anwartschaftsrechts ist der Eigentümer berechtigt, zur Übertragung (Zweiterwerb) des Anwartschaftsrechts ist der Inhaber des Anwartschaftsrechts berechtigt.

Vorliegend kommt allerdings ein Übergang des Anwartschaftsrechts durch die **Sicherungsübereignung zwischen F und der B-Bank** sowie der nachfolgenden Einlagerung in Betracht. Denn mit Einlagerung der Sache sollten sämtliche Rechte sicherungshalber nach §§ 929 S. 1, 930 auf die Bank übertragen werden. Das bedeutet, dass die B-Bank das **Anwartschaftsrecht** von F **im Wege des Zweiterwerbs nach §§ 929 S. 1, 930 analog übertragen** bekommen haben könnte.

(a) F und die B-Bank haben antizipiert vereinbart, dass alle Waren übereignet werden. Eine am Maßstab der §§ 133, 157 orientierte Auslegung ergibt, dass nicht nur das Eigentum, sondern auch etwaige Anwartschaftsrechte, als Vorstufe zum Vollrecht, gemäß § 929 S. 1 analog übertragen werden sollten. Diese **Einigung** ist auch wirksam; insbesondere liegt kein Verstoß gegen den Bestimmtheitsgrundsatz vor, weil **alle** Sachen übereignet werden sollten.[133]

(b) Die **Übergabe** wurde durch die Vereinbarung des Verwahrungsvertrages i.S.d. § 688, wodurch die B-Bank mittelbare Besitzerin wurde, gemäß § 930 analog ersetzt.

(c) Als die Maschine in den Lagerraum eingestellt wurde, war F Inhaber des Anwartschaftsrechts und insoweit zu einer Übertragung **berechtigt**.

Folglich ist das Anwartschaftsrecht mit der Einlagerung der Maschine am 15.07. auf die B-Bank übergegangen.

(3) Mit Zahlung des restlichen Kaufpreises am 20.09. erwarb daher die B-Bank **unmittelbar** vom ursprünglichen Eigentümer O das Eigentum. Ein Durchgangserwerb (für eine logische juristische Sekunde) über F hat nach nahezu einhelliger Ansicht nicht stattgefunden, da das **Anwartschaftsrecht** dinglich **direkt beim Inhaber des dinglichen Rechts** (unabhängig von der zugrundeliegenden schuldrechtlichen Verpflichtung) **erstarkt**.

Insoweit steht fest, dass F, der nie Eigentum an der Maschine innehatte, auch kein Eigentum in die Mieträumlichkeiten des V i.S.d. § 562 Abs. 1 „einbringen" konnte.

---

133 Im Ergebnis ebenso: BGH NJW 1992, 1161; Palandt/Herrler § 930 Rn. 3; Staudinger/Emmerich § 562 Rn. 15 a ff.; Weitemeyer JA 1998, 854, 857, 858.

cc) Fraglich ist jedoch, wie es sich auswirkt, dass F **vor Einlagerung** der Maschine ein Anwartschaftsrecht an dieser zustand (s.o.), das dann erst **mit Einlagerung** auf die B-Bank übergegangen ist.

An diesem Anwartschaftsrecht könnte mit Einlagerung ein Vermieterpfandrecht entstanden sein, weil auch das Anwartschaftsrecht eine Sache des Mieters i.S.d. § 562 Abs. 1 S. 1 darstellt.[134] Insofern ist also fraglich, ob an dem **bei Einlagerung** bestehenden Anwartschaftsrecht ein Vermieterpfandrecht entstehen konnte. Sowohl der Übergang des Anwartschaftsrechts wie auch die Entstehung des Vermieterpfandrechts nach § 562 Abs. 1 S. 1 erfolgten also **zeitgleich** mit bzw. bei Einlagerung der Maschine. Wenn Belastung und Übergang des gleichen Gegenstandes – hier des Anwartschaftsrechts – zum gleichen Zeitpunkt – hier am 15.07. – erfolgen, ist umstritten, ob das Anwartschaftsrecht unbelastet oder aber mit dem Vermieterpfandrecht belastet auf den Erwerber – hier die B-Bank – übergeht.

(1) Einer Ansicht nach ist dem Sicherungseigentümer und dem Vermieter die gleiche „Rangstelle" einzuräumen, sodass der Erlös dem Sicherungseigentümer und dem Vermieter im Verhältnis der gesicherten Forderungen zustehen.[135] Demnach würde die B-Bank im Verhältnis 200 : 8 befriedigt. Sie würde also 7.692,31 € erhalten, V nur 307,69 €.

(2) Die **h.M.** lässt bei einer Konkurrenz von Sicherungseigentum und Vermieterpfandrecht grundsätzlich das letztere vorgehen.[136]

(3) Da beide Ansichten zu unterschiedlichen Ergebnissen kommen, ist eine Streitentscheidung erforderlich. Der letzteren Ansicht ist zu folgen. Würde die B-Bank als Sicherungsnehmerin das Sicherungsanwartschaftsrecht unbelastet mit dem Vermieterpfandrecht erwerben, so würde dies auf eine vom Gesetzgeber nicht gewollte Benachteiligung der gesetzlichen Pfandrechte hinauslaufen. In der heutigen Warenrotation ist es nicht unüblich, dass noch gar nicht eingebrachte Sachen zuvor sicherungsübereignet werden. Solche Raumsicherungsübereignungen verlangen vorzugsweise Banken zur Absicherung von Krediten. Deren Höhe wird in der Regel die nach § 562 Abs. 1 abzusichernden Ansprüche eines Vermieters übersteigen. Würde nun eine gleichrangige Berücksichtigung der Gläubiger vorgenommen, würde dem Vermieter nur eine verhältnismäßig geringe Quote zukommen. Dies stünde aber mit der Absicht des Gesetzgebers, dem Vermieter durch die Gewährung eines gesetzlichen Pfandrechts eine bevorzugte Sicherung zu verschaffen, nicht im Einklang. Aus diesen Gründen ist dem Vermieterpfandrecht der Vorrang einzuräumen, sodass V ein Vermieterpfandrecht am Anwartschaftsrecht erworben hat. Erst danach ging das Anwartschaftsrecht – belastet mit dem Vermieterpfandrecht des V – auf die B-Bank über.

Die B-Bank hat damit ein pfandrechtsbelastetes Anwartschaftsrecht erworben. Mit Zahlung der Kaufpreisrate am 20.09. erstarkte dieses Anwartschaftsrecht zum Vollrecht. Weil sich beschränkt dingliche Rechte am Anwartschaftsrecht am späteren Vollrecht **fortsetzen**, hatte der V daher ab dem 20.09. ein Pfandrecht am Eigentum der B-Bank.

---

134 BGHZ 35, 85, 94; Palandt/Weidenkaff § 562 Rn. 9; Weitemeyer JA 1998, 854, 860.
135 Fischer JuS 1993, 542, 544.
136 BGHZ 117, 200, 207 f.; Nicolai JZ 1996, 219, 222 f.

dd) V könnte dieses Pfandrecht jedoch durch einen **lastenfreien Eigentumserwerb** der B-Bank nach **§ 936 Abs. 1** wieder verloren haben.

(1) Die B-Bank ist **Eigentümerin** der Maschine geworden.

(2) Zum lastenfreien Erwerb muss der Erwerber nach § 936 Abs. 1 S. 3 **dieselbe besitzrechtliche Position** erhalten wie beim **Erwerb vom Nichtberechtigten**. Hier erfolgte der Erwerb durch die B-Bank nach § 930. Eine Lastenfreiheit kommt daher nur dann in Betracht, wenn diesbezüglich die Voraussetzungen des § 933 vorliegen. Demnach ist es erforderlich, dass dem Erwerber die Sache gemäß § 929 S. 1 nachträglich **übergeben** wird. Vorliegend wurde die B-Bank zwar mittelbare Besitzerin, jedoch hat F seine besitzrechtliche Position nie aufgegeben. Eine Übergabe ist folglich nicht gegeben. Im Übrigen war die Bank auch nicht gutgläubig i.S.d. § 932 Abs. 2. Jeder, der eine von einem Mieter in die Miträume eingebrachte Sache erwirbt, befindet sich in grob fahrlässiger Unkenntnis, wenn er sich nicht nach dem Vermieterpfandrecht erkundigt.[137]

(3) Die Bank hat daher kein pfandrechtsfreies Anwartschaftsrecht erworben.

Somit stand dem V ein Vermieterpfandrecht an der Maschine zu.

II. Das **Pfandrecht** ist auch **nicht nach § 562 a S. 1** erloschen, weil V von der Abholung durch den Gerichtsvollzieher nichts wusste.

Die Maschine steht mittlerweile im Eigentum des Ersteigerers. Durch die ordnungsgemäße Ablieferung der Maschine nach § 817 Abs. 2 ZPO hat er das Eigentum kraft Hoheitsakt erlangt.

III. Bei der Verwertung des Pfandes gebührt dem Pfandgläubiger der **Erlös** insoweit, wie er **für seine Befriedigung erforderlich** ist, § 1247 S. 1. Erst ein darüber hinausgehender Erlös steht dem ehemaligen Sacheigentümer – hier der B-Bank – zu (sog. dingliche Surrogation, § 1247 S. 2).

Daher gebührt vorliegend der Erlös i.H.v. 8.000 € dem V. Er ist vorzugsweise zu befriedigen. Somit ist die zulässige Klage des V nach § 805 ZPO auch begründet.

---

137   BGH NJW 1972, 43, 44; MüKo/Oechsler § 936 Rn. 12; Staudinger/Wiegand § 936 Rn. 9.

5. Teil: Der Eigentumserwerb kraft Gesetzes bzw. kraft Hoheitsaktes

---

Fall 28: Grundstücksverbindung gemäß § 946

Der vermögende F ist Eigentümer einer großzügig geschnittenen Prachtvilla. Wegen der zunehmend steigenden Energiepreise möchte er neue, stark isolierende Fenster einbauen lassen. Er vereinbart mit dem Unternehmer K die Vornahme der dafür erforderlichen Werkleistungen auf Bauvertragsbasis. Entsprechend seiner ständigen Geschäftspraxis behält sich K bis zur vollständigen Bezahlung durch F das Eigentum an den Fenstern vor. Weiter erkennt F vertraglich an, dass die eingebauten Fenster als nur vorübergehend eingebaut gelten. Nach dem Einbau der Fenster kommt F in finanzielle Schwierigkeiten und kann nicht zahlen.

Welche Ansprüche hat K? Kann er insbesondere die Fenster wieder ausbauen?

A. Anspruch aus §§ 650 a, 631 Abs. 1

K hat gegen F einen Anspruch auf Zahlung der vereinbarten Vergütung aus dem wirksam geschlossenen Bauvertrag, §§ 650 a, 631 Abs. 1.

B. Anspruch aus § 985

Des Weiteren könnte K gegen F einen Anspruch auf Herausgabe der Fenster aus § 985 haben.

Dann müsste K Eigentümer und F besitzrechtsloser Besitzer sein.

I. Ursprünglich standen die Fenster im **Eigentum** des K.

1. Ein **rechtsgeschäftlicher Eigentumsverlust** des K an F **nach § 929 S. 1** kommt hier nicht in Betracht. K hat sich wirksam das Eigentum bis zur vollständigen Zahlung der vereinbarten Vergütung vorbehalten, §§ 929 S. 1, 158 Abs. 1. Die Bedingung ist nicht eingetreten ist und somit liegt ein rechtsgeschäftlicher Eigentumserwerb des F nicht vor.

2. K hat das **Eigentum** an den Fenstern aber **kraft Gesetzes gemäß § 946 verloren**, wenn die Fenster wesentlicher Bestandteil des Grundstücks im Sinne der **§§ 93, 94** geworden sind.

a) Dazu müssten die Fenster zunächst **Bestandteil** des Grundstücks nach §§ 93, 94 sein.

Bestandteile sind alle Stücke einer Sache, die nach der Verkehrsanschauung Teile einer einheitlichen Sache sind.[138]

Die Fenster sind Teil des Gebäudes und damit nach § 94 Abs. 1 auch Teil des Grundstücks geworden. Fenster und Gebäude bilden eine Einheit, sodass die Fenster Bestandteil des Gebäudes und damit des Grundstücks geworden sind.

---

138   OLG Zweibrücken RÜ 2016, 351; Palandt/Ellenberger § 93 Rn. 2.

b) Fraglich ist, ob die Fenster gemäß § 94 Abs. 2 auch **wesentlicher Bestandteil** des Gebäudes und damit nach § 94 Abs. 1 wesentlicher Bestandteil des Grundstücks geworden sind.

Für die Wesentlichkeit des Bestandteils ist nach § 93 ausschließlich von Bedeutung, ob durch die Trennung der abgetrennte oder zurückgebliebene Teil zerstört oder in seinem Wesen verändert wird.

aa) Im Hinblick darauf, dass Fenster auch nach dem Einbau in das Gebäude ohne Zerstörung des Gebäudes oder der Fenster wieder ausgebaut und so verwendet werden können wie vor der Zusammenfügung, sind sie nicht gemäß §§ 93, **94 Abs. 1** wesentlicher Bestandteil geworden. Für die Beurteilung der Festigkeit einer Verbindung ist letztlich nur entscheidend, ob eine starke Beschädigung des abzulösenden Teils oder des verbleibenden Grundstücks unvermeidbar ist oder die Trennung nur unter unverhältnismäßiger Mühe oder Kosten möglich wäre.[139]

bb) Jedoch sind die Fenster zur Herstellung des Gebäudes gemäß **§ 94 Abs. 2** eingefügt worden. Folglich sind sie wesentliche Bestandteile des Gebäudes und damit nach § 94 Abs. 1 auch des Grundstücks geworden.

cc) Mit dem Einbau der Fenster hat daher K sein Eigentum verloren, es sei denn, die vertragliche Vereinbarung zwischen F und K, dass die Fenster nur als vorübergehend eingebaut gelten, wirkt sich auf die Einordnung der Fenster als wesentliche Bestandteile i.S.d. §§ 93, 94 aus. Aufgrund der Vereinbarung könnten die Fenster möglicherweise als **Scheinbestandteile i.S.d. § 95** eingestuft werden, sodass ein Eigentumserwerb des F nach §§ 93, 94 nicht möglich wäre.

Die Verbindung oder Einfügung eines Scheinbestandteils geschieht zu einem vorübergehenden Zweck, wenn der Wegfall der Verbindung von vornherein beabsichtigt ist.[140] Maßgeblich ist grundsätzlich die Willensrichtung des Einfügenden im Zeitpunkt der Verbindung, sofern dieser Wille mit dem nach außen in Erscheinung tretenden Sachverhalt vereinbar ist.[141] Unter Berücksichtigung der Verkehrsanschauung baut der Unternehmer die vom Hauseigentümer bestellten Fenster auf Dauer ein. Diese sollen – für den Unternehmer erkennbar – bis zu ihrem Verschleiß mit dem Haus verbunden bleiben. Allein die vertragliche Abrede vermag daher die Bestandteilseigenschaft nicht aufzuheben. § 946 ist zwingendes Recht.[142]

II. F ist gemäß § 946 kraft Gesetzes Eigentümer der Fenster geworden. Ein Herausgabeanspruch des K aus § 985 ist daher nicht gegeben.

C. Anspruch aus §§ 951 Abs. 1, 812 Abs. 1 S. 1 Var. 1

K könnte gegen F einen Anspruch auf Wertersatz aus §§ 951 Abs. 1, 812 Abs. 1 S. 1 Var. 1, § 818 Abs. 2 haben.

I. Dann müsste K zunächst infolge der §§ 946–950 einen **Rechtsverlust** erlitten haben.

Zur Herstellung eines Gebäudes i.S.v. § 94 Abs. 2 dienen solche Sachen, die zur Fertigstellung des Gebäudes erforderlich sind. Im Gegensatz zu § 94 Abs. 1 ist eine feste Verbindung nicht erforderlich.

Beachte:
§ 95 BGB regelt die sog. **Scheinbestandteile**. Diese bleiben, auch wenn sie tatsächlich unbeweglich sind, in rechtlicher Hinsicht bewegliche Sachen und unterliegen den für diese geltenden Vorschriften. Ein **vorübergehender Zweck der Verbindung** liegt dabei vor, wenn ihr Wegfall von vornherein beabsichtigt oder nach der Natur des Zwecks sicher ist.

Beachte:
Nach h.M. stellt § 951 Abs. 1 einen Rechtsgrundverweis auf die §§ 812 ff. dar.

---

139 OLG Zweibrücken RÜ 2016, 351, 352.
140 Palandt/Ellenberger § 95 Rn. 2.
141 BGHZ 23, 57, 59 ff.; 54, 208, 210; Staudinger/Jickel/Stieper § 94 Rn. 25 ff.
142 BGHZ 53, 324, 237; Palandt/Herrler § 946 Rn. 1; Baur/Stürner § 53 Rn. 5 f.

Hier hat K aufgrund der Verbindung der Fenster mit dem Gebäude des F gemäß § 946 das Eigentum daran kraft Gesetzes verloren.

Nach nahezu einhelliger Ansicht[143] stellt **§ 951 Abs. 1 eine Rechtsgrundverweisung** dar, sodass für einen Wertersatzanspruch nach den bereicherungsrechtlichen Vorschriften auch die zusätzlichen Voraussetzungen der §§ 812 ff. gegeben sein müssen.

II. In Betracht kommt hier eine **Leistungskondiktion aus § 812 Abs. 1 S. 1 Var. 1**. Das bedeutet, dass F von K etwas durch Leistung ohne rechtlichen Grund erlangt haben müsste.

1. F hat einen vermögenswerten (rechtlichen) Vorteil, hier Eigentum und Besitz an den Fenstern, und damit **„etwas"** i.S.v. § 812 Abs. 1 **erlangt**.

2. Diesen vermögenswerten Vorteil müsste F nach § 812 Abs. 1 S. 1 Var. 1 **durch Leistung** des K, also durch eine ziel- und zweckgerichtete Mehrung fremden Vermögens zur Erfüllung einer, wenn auch nur vermeintlich bestehenden, Verbindlichkeit erlangt haben.

Es ist jedoch umstritten, ob in den Fällen, in denen sich der Eigentumswechsel nicht kraft Rechtsgeschäfts, sondern gesetzlich durch den Einbau vollzieht, eine Leistung i.S.d. § 812 vorliegt.

a) Einer Ansicht nach wird das Eigentum in solchen Einbaufällen nicht geleistet. Der Eigentumserwerb nach §§ 946 ff. erfolge vielmehr kraft Gesetzes, unabhängig von einem vom Parteiwillen getragenen Leistungszweck, bestehend aus einer angestrebten Erfüllung einer Verbindlichkeit. Der Verweis des § 951 beschränke sich daher allein auf die Fälle der Nichtleistungskondiktion.[144] Ein Anspruch nach §§ 951 Abs. 1, 812 Abs. 1 S. 1 Var. 1 wäre demnach nicht gegeben.

b) Einer anderen Ansicht nach wird jedoch das Eigentum auch in den Einbaufällen geleistet. Der Einbau erfolge in diesen Fällen nämlich aufgrund eines Vertrages, der gerade auf die Tätigkeit gerichtet sei, die unmittelbar den Rechtswechsel herbeiführe. Die zum Eigentumswechsel führende Handlung werde daher bewusst vorgenommen, der Eigentumswechsel kraft Gesetzes also bewusst ermöglicht. Der zum Zwecke der Erfüllung der Vertragspflicht aus §§ 650 a, 631 Abs. 1 erfolgende vertragliche Einbau und der damit unmittelbar zusammenhängende Eigentumsverlust kraft Gesetzes müssten als einheitlicher Vorgang gesehen werden.[145] Es werde daher gewissermaßen an den gesetzlichen Eigentumserwerb „herangeleistet". Mithin wäre hiernach ein Anspruch nach §§ 951 Abs. 1, 812 Abs. 1 S. 1 Var. 1 gegeben.

c) Die Ansichten kommen zu unterschiedlichen Ergebnissen, sodass eine Streitentscheidung erforderlich ist. Der letzten Ansicht ist zu folgen. Dafür spricht gerade das Bewusstsein der Beteiligten, wonach das Eigentum durch ein bewusstes und willentliches Tätigwerden des Unternehmers übergehen soll, wenn der Besteller die gesamte Vergütungspflicht erfüllt.

---

143 OLG Hamm NJW-RR 1192, 1105; Palandt/Herrler § 951 Rn. 2 m.w.N.
144 Staudinger/Gursky § 951 Rn. 2; Bamberger/Roth/Kindl § 951 Rn. 2; MüKo/Füller § 951 Rn. 3.
145 BGHZ 40, 272, 276; 56, 228, 239; Eidenmüller JZ 1996, 889, 890.

Folglich hat F das Eigentum und den Besitz an den Fenstern durch Leistung des K erlangt.

3. Des Weiteren müsste F das Eigentum und den Besitz an den Fenstern auch **ohne rechtlichen Grund** erlangt haben.
In Form des wirksam abgeschlossenen Werkvertrages ist jedoch ein Rechtsgrund vorhanden.

III. Ein Anspruch auf Wertersatz aus §§ 951, 812 Abs. 1 S. 1 Var. 1 besteht daher nicht.

D. Anspruch aus § 951 Abs. 2 S. 2

Eventuell könnte K einen Anspruch auf Duldung der Wegnahme der Fenster aus § 951 Abs. 2 S. 2 haben.

Demnach wäre die Wegnahme nach der für das Wegnahmerecht des Besitzers gegenüber dem Eigentümer geltenden Vorschrift auch dann zulässig, wenn die Verbindung nicht vom Besitzer der Hauptsache bewirkt worden ist.

Fraglich ist, ob durch § 951 Abs. 2 S. 2 lediglich ein Wegnahmerecht des unrechtmäßigen Besitzers oder ein selbstständiges Wegnahmerecht begründet wird.

I. Einer Ansicht nach wird durch § 951 Abs. 2 S. 2 lediglich das Wegnahmerecht des **unrechtmäßigen Besitzers** gemäß § 997 erweitert auf die Fälle, dass ein **Dritter** die Verbindung vorgenommen hat.[146]
F war jedoch aufgrund des Werkvertrags rechtmäßiger Besitzer, sodass kein Eigentümer-Besitzer-Verhältnis (EBV) bestand.
Hiernach steht dem K kein Wegnahmerecht nach §§ 951 Abs. 2 S. 2, 997 zu.

II. Einer anderen Ansicht nach begründet § 951 Abs. 2 S. 2 ein selbständiges Wegnahmerecht. Derjenige, der ein dingliches Recht verloren habe, könne unabhängig davon, ob er Besitzer der Hauptsache gewesen sei oder nicht, die eingefügte Sache wegnehmen. Dem Eigentümer stehe aber gemäß § 997 Abs. 2 das Recht zu, die Wegnahme durch Wertersatz abzuwenden.[147] Jedoch sei dieses selbständige Wegnahmerecht nur eine Ergänzung zum Vergütungsanspruch aus § 951, sodass ein Wegnahmerecht nur dann gegeben sei, wenn der verlierende Teil durch die Verbindung wenigstens dem Grunde nach auch den Anspruch auf Wertersatz aus § 951 Abs. 1 erlangt habe.[148] Diesen Anspruch hat K, wie ausgeführt, nicht erlangt.

III. Nach beiden Ansätzen ist vorliegend ein Wegnahmerecht des K aus § 951 Abs. 2 S. 2 nicht gegeben, sodass eine Streitentscheidung entbehrlich ist.

IV. K hat somit keinen Anspruch aus § 951 Abs. 2 S. 2 auf Duldung der Wegnahme der Fenster.

---

146 BGHZ 40, 272, 280; Erman/Ebbing § 951 Rn. 18.
147 Westermann/Gursky § 54 Rn. 17; Baur/Stürner § 53 Rn. 36.
148 Bamberger/Roth/Kindl § 951 Rn. 26; Staudinger/Gursky § 951 Rn. 71.

Fall 29: Fahrnisverbindung gemäß § 947

Fall 29: Fahrnisverbindung gemäß § 947

Sportwagenhersteller F baut exklusive Sportwagen der Marke Ferrari und Maserati. Dazu kauft er beim Autozulieferer A die notwendigen Schrauben unter Eigentumsvorbehalt ein. Diese werden zum Zusammenbau des jeweiligen Kfz gebraucht. F verkauft aufgrund der Diskussionen über den Klimawandel immer weniger Wagen und kommt deswegen in Zahlungsschwierigkeiten. Da A trotz mehrmaliger Zahlungsaufforderung immer noch keinerlei Zahlung erhält, verlangt er die von ihm gelieferten und bereits eingebauten Schrauben heraus. Zu Recht?

A könnte gegen F einen Anspruch auf Herausgabe der von ihm gelieferten Schrauben aus § 985 haben.

Dann müsste A Eigentümer der Schrauben und F besitzrechtsloser Besitzer sein.

I. Ursprünglich war A **Eigentümer** der Schrauben.

1. Er könnte das Eigentum hieran aber durch einen rechtsgeschäftlichen Eigentumserwerb des F nach **§ 929 S. 1** verloren haben. Allerdings haben A und F vorliegend einen **Eigentumsvorbehaltskaufvertrag** vereinbart. Dementsprechend hat A das Eigentum an den Schrauben nur unter der aufschiebenden Bedingung der vollständigen Kaufpreiszahlung gemäß §§ 929 S. 1, 158 Abs. 1 übertragen. Da diese Bedingung nicht eingetreten ist, hat F das Eigentum nicht kraft Rechtsgeschäfts gemäß § 929 S. 1 erlangt.

2. A könnte sein Eigentum aber durch einen **gesetzlichen Eigentumserwerb** des F verloren haben. In Betracht kommt ein Eigentumserwerb des F nach **§ 947 Abs. 2**.

a) Fraglich ist jedoch zunächst, ob überhaupt ein gesetzlicher Eigentumserwerb möglich ist, wenn wie vorliegend die Parteien rechtsgeschäftlich einen **Eigentumsvorbehalt** vereinbaren, also den Übergang des Eigentums vor Kaufpreiszahlung ausschließen.

Der gesetzliche Eigentumserwerb könnte durch rechtsgeschäftliche Vereinbarung abbedungen sein.

Sinn und Zweck des § 947 ist es allerdings, die Zerstörung wirtschaftlicher Werte zu verhindern. Eine Abbedingung des § 947 ist daher nicht möglich. Vielmehr ist § 947 zwingendes Recht.[149]

> **Beachte:**
> § 947 ist zwingendes Recht und kann nicht abbedungen werden.

Die Vereinbarung eines Eigentumsvorbehalts hindert einen gesetzlichen Eigentumserwerb folglich nicht.

b) Nach **§ 947 Abs. 2**, der auf § 947 Abs. 1 aufbaut, tritt ein gesetzlicher Eigentumserwerb dann ein, wenn bewegliche Sachen miteinander derart **verbunden** werden, dass sie wesentliche Bestandteile einer einheitlichen Sache werden und eine der Sachen als Hauptsache anzusehen ist. Der Eigentümer der Hauptsache erwirbt dann das Alleineigentum an der gesamten einheitlichen Sache.

---

149 BGH NJW 2006, 990; Palandt/Herrler § 947 Rn. 1.

85

aa) Die Schrauben und die restlichen Bestandteile der produzierten Pkw sind **bewegliche Sachen i.S.v. § 90 S. 1** und werden im Rahmen der Montage miteinander **verbunden**.

bb) Die Schrauben müssten zudem **wesentlicher Bestandteil** der Sportwagen i.S.d. **§§ 93, 94** sein.

Bestandteile sind alle Stücke einer Sache, die nach der Verkehrsanschauung Teile einer einheitlichen Sache sind. Für die Wesentlichkeit des Bestandteils ist nach § 93 ausschließlich von Bedeutung, ob durch die Trennung der abgetrennte oder zurückgebliebene Teil zerstört oder in seinem Wesen verändert wird. Eine Wesensänderung tritt dann ein, wenn die eine oder andere Sache nach der Trennung nicht mehr so verwendet werden könnte wie vor ihrer Zusammenfügung.[150] Für die Beurteilung der Festigkeit einer Verbindung ist letztlich nur entscheidend, ob eine starke Beschädigung des abzulösenden Teils oder des verbleibenden Grundstücks unvermeidbar ist oder die Trennung nur unter unverhältnismäßiger Mühe oder Kosten möglich wäre.[151]

Die Schrauben verlieren mit dem Einbau ihre eigene selbständige wirtschaftliche Bedeutung. Sie gehen nach der Verkehrsanschauung im Ganzen der Sache auf und sind somit Bestandteil der produzierten Autos geworden. Die Entfernung der Schrauben würde dazu führen, dass die Sportwagen nicht zum Fahren verwendet werden könnten. Darüber hinaus sind sie auch wesentlicher Bestandteil der Fahrzeuge.

cc) F ist Alleineigentümer der Schrauben geworden, wenn die Autos als **Hauptsache i.S.d. § 947 Abs. 2** anzusehen sind. Der Begriff der Hauptsache ist im Einzelfall nach der **Verkehrsauffassung** auszulegen. Eine der Sachen ist dann als Hauptsache anzusehen, wenn nach der Verkehrsauffassung diese Sache für das Wesen des Ganzen von entscheidender Bedeutung ist. Das ist beispielsweise dann der Fall, wenn die übrigen Bestandteile fehlen könnten, ohne dass das Wesen der Sache dadurch beeinträchtigt würde.[152]

Nach der Verkehrsauffassung ergibt sich demnach, dass der jeweilige Wagen selbst als Hauptsache anzusehen ist. Zwar wäre eine verkehrsgerechte Benutzung dieser Pkw ohne die Schrauben nicht möglich, das Wesen der Sache selbst würde dadurch aber nicht beeinträchtigt werden. Schließlich ist der Pkw auch ohne die Schrauben, die nicht wesensbestimmend sind, immer noch als Pkw zu erkennen.

F hat das Eigentum an den Schrauben kraft Gesetzes gemäß § 947 Abs. 2 erworben.

II. Ein Herausgabeanspruch des A gegen F aus § 985 besteht nicht.

---

150 Palandt/Ellenberger § 93 Rn. 3; Staudinger/Jickeli/Stieper § 93 Rn. 17.
151 OLG Zweibrücken RÜ 2016, 351, 352.
152 BGHZ 20, 159, 163.

Fall 30 Vermischung und Vermengung beweglicher Sachen gemäß § 948

5. Teil

Fall 30: Vermischung und Vermengung beweglicher Sachen gemäß § 948

Die Studienfreunde F und K sind unzertrennlich. In Zukunft wollen sie ihr erspartes Geld gemeinsam verwalten, um das vertrauensvolle Verhältnis noch weiter zu vertiefen. Daher übergibt K dem F seine gesamten Ersparnisse i.H.v. 10.000 € zur Verwahrung. Die von K erhaltenen Scheine legt F zu seinen Scheinen unter das Kopfkissen. Insgesamt beträgt das Budget nunmehr 15.000 €. Später erfährt K allerdings, dass F mehrmals schlecht über ihn geredet habe. Aus seiner Enttäuschung heraus möchte er seine Ersparnisse zurück. Zu Recht?

Abwandlung: F überfällt K und stiehlt dessen Portemonnaie mit 500 € Inhalt. Er kauft sich von diesem Geld ein gebrauchtes Fahrrad von X, der die Herkunft des Geldes nicht kennt. Nachdem X die Geldscheine mit den restlichen Scheinen in der Kasse vermengt, stürzt K in den Laden und möchte das Geld zurück. X weigert sich. Hat K einen Herausgabeanspruch hinsichtlich der Geldscheine, die ihm entwendet worden sind?

Ausgangsfall

A. Anspruch aus § 985

K könnte gegen F einen Herausgabeanspruch hinsichtlich der von ihm übergebenen Geldscheine aus § 985 haben.

Dann müsste K Eigentümer und F besitzrechtsloser Besitzer sein.

I. Ursprünglich stand das Geld im **Alleineigentum** des K.

1. Ein **rechtsgeschäftlicher Eigentumserwerb** des F an diesen Geldscheinen nach § 929 S. 1 liegt nicht vor. F gab K die Scheine nur zur Verwahrung (§ 688), sodass sie sich nicht über den Eigentumserwerb des K nach § 929 S. 1 geeinigt haben.

2. In Betracht kommt aber ein **gesetzlicher Eigentumserwerb** des F nach §§ 948 Abs. 1, 947 Abs. 1. Geld wird im Rahmen des § 948 Abs. 1 als bewegliche Sache behandelt.[153] Folglich wird im Falle der Vermengung von Geld, das verschiedenen Eigentümern gehört, über den Verweis des § 948 Abs. 1 die Vorschrift des § 947 Abs. 1 angewendet. Es entsteht daher Miteigentum am **gesamten** Betrag i.H.v. 15.000 €. Demnach hat K sein Alleineigentum an den von ihm übergebenen Geldzahlungsmitteln verloren. F und K sind Miteigentümer i.S.d. § 1008 hinsichtlich **aller** Geldscheine, die sich unter dem Kopfkissen des F befinden. Die Anteile am Miteigentum bestimmen sich gemäß § 947 Abs. 1 letzter Hs. nach dem Verhältnis des Wertes, den die jeweiligen Beträge zur Zeit der Verbindung hatten.

Streitig ist, ob über die Vorschrift des § 948 Abs. 1 auch die Vorschrift des § 947 Abs. 2 auf Geld anwendbar ist. Vorliegend ist dies jedoch irrelevant, weil ein außergewöhnliches zahlenmäßiges Übergewicht nicht besteht.

II. Zwar kann auch der **Miteigentümer** K grundsätzlich einen Anspruch auf Herausgabe der Geldscheine aus § 985 geltend machen. Jedoch steht dem Miteigentümer F gegenüber K zumindest ein **dingliches Recht zum Besitz** i.S.d. § 986 Abs. 1 S. 1 Var. 1 aufgrund seines eigenen Miteigentums zu.

III. K hat somit gegen F keinen Herausgabeanspruch aus § 985.

---

153 Staudinger/Gursky § 948 Rn. 9; Medicus JuS 1983, 897, 890.

87

B. Anspruch aus §§ 749, 752

K hat gegen F aber einen Anspruch auf Aufhebung der Gemeinschaft und Teilung entsprechend der jeweiligen Bruchteile aus **§§ 749, 752**, also auf Herausgabe und Übereignung (irgendwelcher) Scheine aus dem Vorrat im Wert von 10.000 €.

Abwandlung

K könnte gegen X einen Anspruch auf Herausgabe der Geldscheine aus **§ 985** haben.
Dann müsste K Eigentümer und X besitzrechtsloser Besitzer der Geldscheine sein.

I. Ursprünglich stand das **Eigentum** an den Geldscheinen dem K zu.

X könnte das Eigentum an den Geldscheinen rechtsgeschäftlich nach § 929 S. 1 von F erlangt haben.

1. Eine dingliche **Einigung** haben K und X i.S.d. **§ 929 S. 1** hinsichtlich des Eigentumsübergangs zumindest konkludent getroffen.

2. F hat X die Geldscheine auch i.S.d. **§ 929 S. 1 übergeben**.

3. F war weder verfügungsbefugter Eigentümer noch verfügungsbefugter Nichteigentümer und daher zur Eigentumsübertragung auch **nicht berechtigt**.

4. Ein Eigentumserwerb des X kommt daher nur durch einen **gutgläubigen Erwerb** vom Nichtberechtigten nach **§§ 929 S. 1, 932 Abs. 1 S. 1** in Betracht.

a) Ein **Rechtsgeschäft im Sinne eines Verkehrsgeschäfts** ist gegeben.

b) Auch der **Rechtsschein des Besitzes** spricht für F.

c) Zudem war X **gutgläubig i.S.d. § 932 Abs. 2**.

d) Fraglich ist jedoch, ob K das Geld gemäß **§ 935 abhandengekommen** ist. Das Geld ist dem K gegen seinen Willen gestohlen worden und somit grundsätzlich nach § 935 Abs. 1 S. 1 abhandengekommen, wodurch ein gutgläubiger Eigentumserwerb ausgeschlossen wäre. Allerdings findet die Vorschrift des § 935 Abs. 1 S. 1 nach **§ 935 Abs. 2 Var. 1** ausnahmsweise keine Anwendung auf Geld, um die Umlauffähigkeit des Geldes im Rechtsverkehr zu schützen.[154]

Folglich hat X gemäß §§ 929 S. 1, 932 Abs. 1 S. 1, 935 Abs. 2 gutgläubig das Eigentum an den Geldscheinen rechtsgeschäftlich erworben, sodass es auf einen späteren gesetzlichen Eigentumserwerb nicht ankommt. Fest steht damit, dass K nicht mehr Eigentümer der Geldscheine ist.

II. Ein Herausgabeanspruch des K gegen X aus § 985 besteht demnach nicht.

---

154 Palandt/Herrler § 935 Rn. 11.

Fall 31: Verarbeitung gemäß § 950

5. Teil

Fall 31: Verarbeitung gemäß § 950

Hersteller H hat sich auf die Mode für den eleganten Herrn spezialisiert und fertigt exklusive Herrenanzüge. Textilproduzent F beliefert ihn mit feinster Seide und Futtermaterialhersteller K mit entsprechendem Futtermaterial. Sowohl F als auch K haben mit H im Rahmen des geschlossenen Eigentumsvorbehaltskaufvertrages vereinbart, dass das Eigentumsrecht des jeweiligen Lieferanten auch nach der Verarbeitung – bis zur vollständigen Kaufpreiszahlung – nicht aufgehoben werden soll. H stellt mit den gelieferten Stoffen und Futterstoffen die Anzüge her.

Wer ist Eigentümer der Anzüge?

H könnte das Eigentum an den Anzügen nach **§ 950** durch **Verarbeitung** erworben haben.

§ 950 ist ggü. §§ 947, 948 lex specialis.

Dazu müsste H eine neue bewegliche Sache hergestellt haben, deren Verarbeitungswert nicht erheblich geringer als der Stoffwert ist.

I. Zunächst müsste also durch einen tatsächlichen Bearbeitungsvorgang eine **neue bewegliche Sache** hergestellt worden sein.

Ob es sich bei den Anzügen um eine neue Sache i.S.d. § 950 handelt, muss nach der Verkehrsanschauung unter Berücksichtigung wirtschaftlicher Gesichtspunkte festgestellt werden.[155] Als **Abgrenzungskriterium** kommt in Betracht, ob die aus den Ausgangsstoffen hergestellte Sache unter einem **anderen Namen** in den Verkehr gebracht wird, ob die Ausgangsstoffe eine **erhebliche Wesensveränderung** erfahren und ob das Produkt der Verarbeitung eine **eigenständige**, gegenüber den einzelnen Sachen **weitergehende Funktion** erfüllt.[156] Demnach sind Herrenanzüge im Verhältnis zu Seide und Futtermaterial nach der Verkehrsanschauung neue Sachen. Sie haben einen anderen Namen, eine andere Form, eine andere Funktion und eine andere wirtschaftliche Bedeutung.

II. Weiterhin darf der **Verarbeitungswert** nicht erheblich geringer sein als der Stoffwert.

Um den Verarbeitungswert zu ermitteln, muss vom **Wert** der **neuen** Sache der **Wert aller**, also auch der dem Verarbeitenden gehörenden Ausgangsstoffe, abgezogen werden. Wenn man vom Gesamtwert der hergestellten Anzüge den bloßen Wert der Seide und des Futterstoffs abzieht, bleibt ein erheblich über dem Wert der Materialien liegender Differenzbetrag, sodass vorliegend der Verarbeitungswert nicht erheblich geringer ist als der Stoffwert. Im Übrigen folgt aus der Formulierung des § 950 Abs. 1 S. 1 letzter Hs. die gesetzliche Vermutung dafür, dass der Verarbeitungswert nicht erheblich geringer ist. Wer sich auf den Nichterwerb nach § 950 Abs. 1 S. 1 letzter Hs. beruft, muss diese Voraussetzung auch beweisen.[157]

Mithin ist der Verarbeitungswert nicht erheblich geringer als der Stoffwert.

III. Schließlich müsste H auch **Hersteller** i.S.d. § 950 sein.

Hersteller ist derjenige, in dessen Namen und wirtschaftlichem Interesse die Herstellung erfolgt, dem somit nach der Verkehrsanschauung die **Her-**

---

155   Vgl. BGH NJW 2016, 317, 318; Westermann/Gursky § 53 Rn. 5; Staudinger/Wiegand § 950 Rn. 9 ff.

156   BGH NJW 1995, 2633; Baur/Stürner § 53 Rn. 17–19; Westermann/Gursky § 53 Rn. 6.

157   BGH NJW 1995, 2633; Palandt/Herrler § 950 Rn. 1.

89

stellung zuzurechnen ist.[158] Darauf, wer die Sache tatsächlich hergestellt hat, ist dabei nicht abzustellen. Hersteller kann daher auch derjenige sein, der die Sache durch einen Dritten für sich herstellen lässt. Somit wäre H, der die Anzüge im eigenen Namen und eigenen Interesse gefertigt hat, Hersteller nach dieser Vorschrift. H hätte demnach gemäß § 950 Abs. 1 kraft Gesetzes das Alleineigentum an den Anzügen erworben.

Fraglich ist allerdings, ob die **vertragliche** Abrede zwischen H und seinen Lieferanten F und K über die Fortsetzung des Eigentumsvorbehalts an dem Endprodukt „Anzug" einem alleinigen Eigentumserwerb des H **kraft Gesetzes** entgegensteht.

1. Einer Ansicht nach enthält § 950 zwingendes Recht. Gemäß § 950 könne nur derjenige das Eigentum erlangen, der nach der Verkehrsanschauung unter Zugrundelegung **objektiver Kriterien** Hersteller sei. Es widerspräche der Zuordnungsfunktion des § 950, durch eine rechtsgeschäftliche Vereinbarung mit dinglicher Wirkung den Hersteller zu bestimmen.[159] Hiernach wäre H gemäß § 950 Abs. 1 **kraft Gesetzes** Alleineigentümer der Anzüge geworden.
Allerdings wird nach dieser Ansicht in der Vereinbarung zwischen H und seinen Lieferanten – F und K – der rechtsgeschäftliche Wille der Parteien berücksichtigt, dass ein Teil des Eigentums an der neu hergestellten Sache den Lieferanten zustehen soll. Dieser Vereinbarung sei im Wege der Auslegung eine antizipierte Einigung und ein antizipiertes Besitzkonstitut gemäß **§§ 929 S. 1, 930** zu entnehmen. Aufgrund dessen sei daher nach dem Alleineigentumserwerb kraft Gesetzes durch H – eine juristische Sekunde später – **kraft Rechtsgeschäft** das Bruchteilseigentum entsprechend der Höhe des Wertes der gelieferten Rohstoffe auf F und K übergegangen.
Danach sind H, K und F Bruchteilseigentümer **kraft Rechtsgeschäfts** gemäß §§ 929 S. 1, 930 geworden.

2. Einer anderen Ansicht nach ist § 950 abdingbar in der Weise, dass unter den Beteiligten rechtsgeschäftlich bestimmt werden kann, wer Hersteller i.S.d. § 950 ist. Wer das Eigentum nicht erwerben wolle, soll es auch kraft Gesetzes nicht erhalten, sodass letztlich die vertragliche Abrede der von der Herstellung betroffenen Personen darüber entscheide, wer Hersteller sei.[160]
Da H mit K und F vereinbart hat, dass sich ihr Eigentum an den fertigen Anzügen fortsetzen soll, ist Bruchteilseigentum entsprechend dem Wert ihrer gelieferten Waren auf F und K **kraft Gesetzes** gemäß § 950 übergegangen.

3. Nach beiden Auffassungen sind H, K und F – kraft Gesetzes bzw. kraft Rechtsgeschäft – Miteigentümer geworden.[161] Ein Streitentscheid ist daher entbehrlich.

IV. Durch die Verarbeitung der Stoffe ist H somit nach § 950 Miteigentümer der Anzüge geworden.

---

158 BGH NHW 1991, 1480, 1481; Repgen Jura 2002, 270.
159 Palandt/Herrler § 950 Rn. 6; Medicus/Petersen, Bürgerliches Recht, Rn. 519; Westermann/Gursky § 53 Rn. 10.
160 BGHZ 122, 243, 250; RGRK/Pikart § 950 Rn. 23.
161 Im Ergebnis ebenso: BGHZ 46, 117; Palandt/Herrler § 950 Rn. 9.

Fall 32: Speichermedium als „neue Sache" i.S.d. § 950 Abs. 1 BGB
(BGH, Urt. v. 10.07.2015 – V ZR 206/14, BGH NJW 2016, 317 ff.)

Der K war 16 Jahre lang Bundeskanzler der Bundesrepublik Deutschland. Der B ist ein bekannter Journalist. Im Jahre 1999 schlossen die Parteien jeweils selbstständige Verträge mit einem Verlag. Gegenstand dieser Verträge war die Erstellung der Memoiren des K, für den der B als „Ghostwriter" tätig werden sollte.

Zur Vorbereitung des Manuskripts fanden nach Absprache der Parteien im Wohnhaus des K lange Gespräche statt, die mit einem vom B zur Verfügung gestellten Tonbandgerät aufgenommen wurden. Auf diese Weise wurden in den Jahren 2001 und 2002 auf zahlreichen Tonbändern, die der B jeweils mitbrachte und mit dem Aufnahmedatum beschriftete, an über 100 Tagen während 630 Stunden die Fragen und Stichworte des B sowie die Ausführungen des K hierzu aufgezeichnet. Der K sprach dabei ausführlich über sein gesamtes Leben, sowohl über die Zeit, in der er höchste politische Ämter innehatte, als auch über seinen vorherigen Werdegang. Die Tonbänder, die der K persönlich zu keinem Zeitpunkt in den Händen hatte, nahm der B zur Vorbereitung der geplanten Buchveröffentlichung jeweils mit nach Hause.

In der Folgezeit kam es zum Zerwürfnis der Parteien und K forderte B auf, ihm alle Aufzeichnungen und sämtliche Interviews und Gespräche mit ihm herauszugeben.

Kann der K vom B Herausgabe der Tonbänder nach § 985 verlangen, auf denen die Stimme des K zu hören ist?

K könnte gegenüber B aus **§ 985 BGB** einen Herausgabeanspruch haben.

Ursprünglich war zwar der B **Eigentümer** der Tonbänder, das Eigentum könnte aber nach **§ 950 Abs. 1 S. 1 BGB** auf den K übergegangen sein.

Es müsste eine **neue** bewegliche **Sache** durch **Verarbeitung hergestellt** worden sein.

Als Verarbeitung gilt gemäß § 950 Abs. 1 S. 2 BGB auch das Schreiben, Zeichnen, Malen, Drucken, Gravieren oder eine ähnliche **Bearbeitung der Oberfläche**.

Ob durch Verarbeitung oder Umbildung eine neue Sache hergestellt wird, bestimmt sich maßgeblich nach der **Verkehrsauffassung** unter Berücksichtigung wirtschaftlicher Gesichtspunkte. Eine neue Sache liegt dann vor, wenn sie eine eigenständige, gegenüber den einzelnen verarbeiteten Sachen **weitergehende Funktion** erfüllt. Hat sich durch die Verarbeitung der wesentliche **wirtschaftliche Verwendungszweck** geändert und hat der Ausgangsstoff nach der Verkehrsauffassung durch die vorgenommenen Handlungen eine **Wesensänderung** erfahren, spricht dies für das Entstehen einer neuen Sache. Entscheidend ist, dass zwischen Ausgangsstoff und Verarbeitungsprodukt **keine Identität** mehr besteht. In diesem Zusammenhang ist ein wesentliches Indiz für das Entstehen einer neuen Sache, wenn das Ergebnis der Verarbeitung **im allgemeinen Sprachgebrauch mit einem anderen Begriff bezeichnet** wird als der verarbeitete Stoff. Weitere Anhaltspunkte können erhebliche **Veränderungen der**

> Durch die Verwendung des Passivs zeigen Sie, dass Sie die Frage nach dem **Hersteller** bewusst aussparen. Der BGH ist ihr nicht nachgegangen, da er bereits die Entstehung einer neuen Sache verneint.

Sachsubstanz, die **Dauerhaftigkeit** der Veränderung oder ein neues äußeres **Erscheinungsbild** sein.[162]

Zweifelhaft ist, ob die Tonbänder diese Voraussetzungen erfüllen.

I. Teilweise wird ohne nähere Begründung angenommen, das Aufspielen eines Programms auf eine für Firmenzwecke bestimmte Diskette oder auf einen Rechner stellten Verarbeitungsvorgänge i.S.d. § 950 BGB dar.[163]

II. Demgegenüber wird in der Lit. ganz überwiegend die Aufzeichnung auf einen Ton- oder Datenträger, jedenfalls wenn die Aufnahme ohne Weiteres löschbar oder übertragbar ist, nicht als Herstellung einer neuen Sache angesehen.[164]

III. Nach einer **differenzierenden Auffassung** soll allerdings dann von einer Verarbeitung ausgegangen werden, wenn die Datenträger durch den Speichervorgang **nicht nur eine neue Funktion und Bezeichnung** erhalten, sondern – wie im Falle von zum Verkauf bestimmten Musik-CDs oder VideoKaufkassetten – erst ihre **eigene wirtschaftliche Bedeutung** erlangen.[165]

IV. Nur nach der ersten Ansicht läge hier eine Verarbeitung vor. Eine **Entscheidung** ist erforderlich.

Ein Tonband erfährt durch das Aufnehmen von Tondokumenten als solches keine substantielle Veränderung. Die Aufnahme führt zwar dazu, dass sich die Magnetschicht des Tonbands physikalisch verändert. Diese Veränderung ist aber Voraussetzung und **Kernstück seiner bestimmungsgemäßen Benutzung**. Ohne seine veränderbare Magnetbeschichtung und die Veränderung dieser Magnetschicht beim Aufnehmen könnte ein Tonband nicht als Speichermedium für Tondokumente verwendet werden. Es wäre ein funktionsloses Kunststoffband. Für seine Funktion als Speichermedium ist es typisch, dass es sowohl zum einmaligen Aufnehmen von Tondokumenten als auch zum wiederholten Aufnehmen und Löschen verschiedener Tondokumente verwendet werden kann.

Zu einer anderen Sache kann ein Tonband – ebenso wie ein CD-Rohling – durch das Aufnehmen oder Speichern von Tondokumenten deshalb nur werden, wenn es dadurch seine **typische Funktion** verändert. Das wäre etwa dann der Fall, wenn eine unbespielte Musikkassette in einem Musikverlag mit Musiktiteln oder einem Hörbuch bespielt wird, die in dieser Form vertrieben werden sollen. Dann wird ... **aus einem Speichermedium ein Instrument zum Vertrieb der Musiktitel oder des Hörbuchs**. Eine solche Veränderung haben die Tonbänder durch die Aufnahme der Gespräche zwischen den Parteien aber gerade nicht erfahren. Sie sind während dieser Gespräche angefertigt worden, damit die Parteien für die Herstellung der Memoiren des K die Gespräche noch einmal anhören können. Die Tonbänder sind damit **als Speichermedium eingesetzt worden und dienen diesem Zweck weiterhin**.

---

162 BGH NJW 2016, 317, 318 = RÜ 2016, 10, 14.
163 OLG Karlsruhe, CR 1987, 19, 20; LAG Chemnitz, CR 2008, 553.
164 MüKoBGB/Füller § 950 Rn. 10; Palandt/Herrler § 950 Rn. 3; Staudinger/Wiegand § 950 Rn. 9 a.E.
165 jurisPK-BGB/Vieweg § 950 Rn. 15.

Sie sind entgegen der Ansicht des Berufungsgerichts auch nicht dadurch verändert und Eigentum des K geworden, dass die auf ihnen aufgenommenen Gespräche des B mit ihm von großer historischer Bedeutung sind und die Bänder deshalb weder gelöscht noch mit anderen Inhalten überschrieben werden sollen. **Auch das einmalige Bespielen** eines Tonbands mit Tondokumenten, die – etwa zur persönlichen Erinnerung – **dauernd aufbewahrt** und erhalten werden sollen, gehört, wie ausgeführt, zum gewöhnlichen Funktionsumfang und Zweck eines Tonbands. Ob Tondokumente nur vorübergehend oder dauernd gespeichert werden sollen, hängt nicht von der besonderen Eigenart oder von einer Veränderung des Tonbands durch die Aufnahme ab, sondern von den aufgenommenen Inhalten. Ihre Bedeutung und Einmaligkeit zeichnen nur die Inhalte, aber nicht die Tonbänder als Speichermedien aus und besagen über die eigentumsrechtliche Zuordnung des Speichermediums nichts.

Die Berechtigung an den Inhalten folgt anderen Regeln als das Eigentum an den Speichermedien. Ihre Anwendung muss nicht zu denselben Ergebnissen führen. Auch das Urheberrecht (i.S.d. §§ 11 ff. UrhG) gewährt dem Werkschöpfer nur Ausschließlichkeitsrechte am (immateriellen) geistigen Eigentum, nicht aber ein Recht auf Eigentum oder Besitz an den einzelnen Werkstücken.

Der an den Inhalten Berechtigte kann zwar auch Eigentümer des Tonbands sein, auf dem sie gespeichert sind, etwa wenn er es käuflich erworben hat. Notwendig ist das aber nicht. Entschließt er sich etwa dazu, dieselben Inhalte nicht auf einem eigenen Tonband zu speichern, sondern beispielsweise auf einem über das Internet zugänglichen Speicherplatz in einem entfernten Rechenzentrum (sog. Cloud), bleibt er weiterhin **alleiniger Berechtigter der gespeicherten Inhalte**. Er wird dadurch **indessen weder rechtsgeschäftlich noch kraft Gesetzes Miteigentümer der Speichermedien** in der Computeranlage des Dienstleisters, der ihm darauf den Speicherplatz eingeräumt hat. Diese Anlage verändert durch die bestimmungsgemäße Benutzung als virtueller Speicher weder ihre Substanz noch ihre Funktion. Ebenso läge es, wenn der B die Gespräche mit dem K statt in analoger Form auf einem Tonband in digitaler Form auf seinem Notebook oder Smartphone gespeichert hätte. Auch dann stünden dem K zwar die Rechte an den Inhalten, aber nicht das Eigentum an dem Notebook oder Smartphone des B zu.

An der eigentumsrechtlichen Zuordnung der Tonbänder ändert es schließlich nichts, dass sie (wirtschaftlich) **wertvoll** sind, weil ihr Besitz den Zugang zu den auf ihnen aufgenommenen Inhalten bietet. Auch dieser Umstand ist **nicht der besonderen Eigenart** der Tonbänder oder ihrer Veränderung oder Umbildung durch die Aufnahme **geschuldet**.[166]

Mithin wurde keine neue bewegliche Sache durch Verarbeitung hergestellt, sodass K nicht gemäß § 950 Abs. 1 S. 1 BGB Eigentümer der Tonbänder geworden.

Folglich hat K gegenüber B keinen Herausgabeanspruch gemäß § 985 BGB.

Die Überlegungen zu den Tonbändern sind auch auf **aktuelle, digitale Speichermedien** anwendbar, wie etwa: Speicherdiscs (CD, DVD, Bluray), Cloud-Speicher, USB-Sticks und Speicherkarten.

---

166 Im Ergebnis ebenso: BGH NJW 2016, 317, 318 f. = RÜ 2016, 10, 14 f.

| 5. Teil | Der Eigentumserwerb kraft Gesetzes bzw. kraft Hoheitsaktes |

Fall 33: Erwerb von Erzeugnissen und sonstigen Bestandteilen gemäß §§ 953 ff.

Der Dieb D stiehlt auf der Weide des Eigentümers E dessen Stute. Das Pferd bekommt kurze Zeit später ein Fohlen. Wer ist Eigentümer des Fohlens?

1. Abwandlung: Wie wäre der Fall zu beurteilen, wenn D die Stute an den gutgläubigen B veräußert hat und das Fohlen erst danach geboren wurde?

2. Abwandlung: Auf der Weide steht auch ein Apfelbaum des E an der unmittelbaren Grenze zum Grundstück des B. Als einige Äpfel auf das Grundstück des B fallen, fordert E die Äpfel mit der Begründung heraus, dass sie in seinem Eigentum stehen. Hat er Recht?

Ausgangsfall

E könnte nach **§ 953** Eigentümer des Fohlens geworden sein.

E war und blieb Eigentümer der Stute.

Das Fohlen ist als organisches Produkt der Stute deren **Erzeugnis i.S.d. § 99 Abs. 1**. Auch die Trennung ist erfolgt. Unmaßgeblich ist, dass E als Eigentümer der Muttersache keinen Besitz an dem Erzeugnis erlangt hat.

Die Voraussetzungen des gesetzlichen Eigentumserwerbs nach **§ 953 Hs. 1** liegen vor, sodass E demnach Eigentümer des Fohlens geworden ist. Ausnahmen gemäß §§ 953 Hs. 2 i.V.m. 954 bis 957 sind nicht ersichtlich.

1. Abwandlung

E könnte nach **§ 953** Eigentümer des Fohlens geworden sein.

I. E war und blieb auch nach der Veräußerung von D an B Eigentümer der Stute, da ein gutgläubiger Erwerb des B vom Nichtberechtigten wegen des Abhandenkommens gemäß § 935 Abs. 1 S. 1 ausscheidet. Im Übrigen liegen auch hier – entsprechend der Ausführungen zum Ausgangsfall – die Voraussetzungen des **§ 953 Hs. 1** vor, sodass E Eigentümer des Fohlens geworden ist.

Falls § 955 eingreift, ist er gemäß § 953 Hs. 2 lex specialis zum § 953 Hs. 1.

II. Dem Eigentumserwerb des E an dem Fohlen könnte hier aber gemäß **§ 953 Hs. 2** ein Eigentumserwerb des gutgläubigen B nach **§ 955** vorgehen.

B glaubte Eigentümer der Stute geworden zu sein, sodass er Eigenbesitz nach § 872 hatte.

III. Der Eigentumserwerb nach § 955 Abs. 1 S. 1 könnte jedoch gemäß **§ 955 Abs. 1 S. 2** ausgeschlossen sein.

1. B war zum Eigenbesitz **nicht berechtigt**, § 955 Abs. 1 S. 2.

2. Er müsste weiterhin bei Besitzbegründung hinsichtlich seines Besitzrechts **bösgläubig i.S.d. §§ 955 Abs. 1 S. 2, 932 Abs. 2** gewesen sein. Als B den Eigenbesitz an der Stute begründete, hatte er keine positive Kenntnis davon, dass er nicht Eigentümer der Stute geworden war. Auch ergaben sich für ihn keinerlei Anhaltspunkte dafür, dass die Stute gestohlen sein könnte, sodass seine Unkenntnis nicht grob fahrlässig war. Schließlich hat er von seinem fehlenden Eigentum nicht bis zur Geburt des Fohlens erfahren.

94

Der Eigentumserwerb des B war daher nicht gemäß § 955 Abs. 1 S. 2 ausgeschlossen.

IV. Dem Eigentumserwerb des B nach § 955 Abs. 1 S. 1 könnte entgegenstehen, dass die Stute gemäß **§ 935 Abs. 1 S. 1** dem E durch Diebstahl abhandengekommen war. Das würde voraussetzen, dass sich der Makel des Abhandenkommens an den getrennten Erzeugnissen fortsetzt.

1. Der Eigentumserwerb nach den §§ 953 ff. vollzieht sich originär kraft Gesetzes. § 935 ist dem Wortlaut nach aber nur auf den rechtsgeschäftlichen Eigentumserwerb nach den §§ 929 ff. anwendbar. Nach gesetzessystematischer Auslegung ist § 935 daher hier **nicht (direkt) anwendbar**.

2. Es kommt aber eine **analoge Anwendung des § 935** auf den gesetzlichen Eigentumserwerb in Betracht. Neben der planwidrigen Regelungslücke wird hierfür eine Vergleichbarkeit der im zu beurteilenden Fall vorliegenden mit der den gesetzlichen Vorschriften zugrundeliegenden Interessenlage vorausgesetzt.

Dem steht jedoch entgegen, dass das Erzeugnis, anders als ein Bestandteil der Muttersache, beim Abhandenkommen der Muttersache noch gar nicht als Sache vorhanden war und dass erstmalig Eigentum an dem Erzeugnis mit der Trennung entsteht.[167] Das Erzeugnis kann daher noch nicht mit der Muttersache abhandengekommen sein. Außerdem ist zu beachten, dass die §§ 932 ff. auf das Verkehrsinteresse abstellen, während § 955 das Produktionsinteresse schützt. Auch dies spricht gegen die analoge Anwendung des § 935. Schließlich hat der Gesetzgeber in den §§ 987 ff. bezüglich der Nutzungen und Früchte auch bei abhandengekommenen Sachen zugunsten des redlichen Besitzers entschieden. Eine analoge Anwendung würde dem widersprechen.

Es ist daher (mit der nahezu einhelligen Ansicht) die analoge Anwendung des § 935 Abs. 1 auf den Erwerb von Erzeugnissen nach § 955 abzulehnen.

V. Somit hat B das Eigentum am Fohlen gutgläubig nach § 955 Abs. 1 S. 1 erlangt.

> Nach h.M. erwirbt der redliche Besitzer der Muttersache an den Früchten auch dann das Eigentum gemäß **§ 955**, wenn die Muttersache abhandengekommen ist; **§ 935 ist nicht, auch nicht analog, anwendbar.**

2. Abwandlung

E könnte Eigentümer der Äpfel nach **§ 953** geworden sein.

Der Eigentümer der Mutter- bzw. Hauptsache erwirbt gemäß § 953 das Eigentum an den Erzeugnissen mit der Trennung. Dabei kommt es nicht darauf an, wer die Trennung vorgenommen hat, wie sie im Einzelnen erfolgt ist oder warum sie geschehen ist. Auch die Besitzergreifung an den getrennten Erzeugnissen ist nicht notwendig.

Demnach müsste E als Eigentümer des Grundstücks und damit auch des Apfelbaumes auch Eigentümer der heruntergefallenen Äpfel geworden sein.

Allerdings ist die Vorschrift des § 953 ausnahmsweise nicht anwendbar, wenn Früchte von einem Baum oder einem Strauch auf ein privates Nachbargrundstück hinüberfallen. Sie gelten dann gemäß **§ 911** als Früchte des Grundstücks, auf das sie fallen, also hier das Grundstück des B.

> In Fällen des § 911 ist § 953 nicht anwendbar.[168]

Somit ist nicht E, sondern B, gemäß § 911 Eigentümer der Äpfel geworden.

---

167 Palandt/Herrler § 955 Rn. 4; Westermann/Gursky § 57 Rn. 9.
168 Palandt/Herrler § 911 Rn. 1.

6. Teil: Eigentümer-Besitzer-Verhältnis; §§ 987 ff.

Fall 34: Haftung des unrechtmäßigen Besitzers auf Schadensersatz

Käufer K kauft beim seriösen Autohändler F nach Vorlage der Zulassungsbescheinigung Teil II (vormals Kfz-Brief) einen gebrauchten Pkw, der zuvor dem vom Pech verfolgten P von dem Dieb D gestohlen worden war. D hatte den Wagen mit gefälschten Papieren an F verkauft und übereignet. Als nach intensiven Nachforschungen der Standort des Pkw festgestellt werden kann, verlangt P von K den Wagen heraus, muss jedoch erfahren, dass dieser wegen eines von K schuldhaft verursachten Unfalls völlig zerstört worden ist. P macht daher Schadensersatz für den zerstörten Pkw geltend. Zu Recht?

Abwandlung: Wie wäre der Fall zu beurteilen, wenn K zwei Tage nach Zustellung der Klage auf Herausgabe des Pkw den Unfall verursacht hätte?

Ausgangsfall

A. Anspruch aus §§ 989, 990 Abs. 1

P könnte gegen K einen Anspruch auf Schadensersatz aus §§ 989, 990 Abs. 1 haben.

I. Dazu müsste im Zeitpunkt des anspruchsbegründenden Umstands, hier also im Zeitpunkt der Zerstörung des Pkw durch den Unfall (= Zeitpunkt der Verletzungshandlung), eine Vindikationslage, d.h. ein **Eigentümer-Besitzer-Verhältnis** (EBV) i.S.d. §§ 985, 986, zwischen P und K vorgelegen haben.

*Ansprüche aus **EBV** setzen das **Vorliegen der Vindikationslage** grundsätzlich im Zeitpunkt des Eintritts der anspruchsbegründenden Umstände (Eintritt des Schadens, Ziehung von Nutzungen, Vornahme von Verwendungen) voraus. Daher kommen auch nur Ansprüche gegen den **unrechtmäßigen Besitzer** in Betracht.*

1. Ursprünglich war P **Eigentümer** des Fahrzeugs.

Sein Eigentum an dem Fahrzeug hat P nicht dadurch verloren, dass D den Wagen unter Vorlage der gefälschten Autopapiere an den gutgläubigen F gemäß §§ 929 S. 1, 932 Abs. 1 übertragen hat. Trotz der Gutgläubigkeit des F ist ein Erwerb vom Nichtberechtigten wegen des **Abhandenkommens nach § 935 Abs. 1 S. 1** nicht möglich. Aus demselben Grund kommt auch ein gutgläubiger Erwerb des Wagens nach §§ 929 S. 1, 932 Abs. 1 durch K nicht in Betracht.

Im Zeitpunkt der Zerstörung war P folglich Eigentümer des Fahrzeugs.

2. Zu diesem Zeitpunkt übte K die unmittelbare Sachherrschaft über das Fahrzeug aus und war daher gemäß § 854 Abs. 1 unmittelbarer **Besitzer** des Pkw.

*Es haftet, wer den Mangel seines Besitzrechts beim Erwerb **kennt oder infolge grober Fahrlässigkeit nicht kennt**, § 990 Abs. 1 S. 1. Sofern der Besitzer beim Erwerb gutgläubig ist, haftet er **nur** dann, wenn er **positive Kenntnis** von seinem mangelnden Besitzrecht erhält, § 990 Abs. 1 S. 2.*

3. K hatte weder ein eigenes Besitzrecht gegenüber P noch ein von F abgeleitetes, da auch diesem gegenüber P **kein Recht zum Besitz** zustand.

Im maßgeblichen Zeitpunkt lag folglich eine Vindikationslage i.S.d. §§ 985, 986 zwischen P und K vor.

II. Weiterhin müsste K gemäß **§ 990 Abs. 1 S. 1** bei Besitzerwerb **bösgläubig hinsichtlich seines Besitzrechts** gewesen sein.

K ging davon aus, dass er wirksam das Eigentum erworben hat. Eine grob fahrlässige Unkenntnis kann ihm nicht vorgeworfen werden, da er sich den

Kfz-Brief vorlegen ließ, dieser aber für ihn nicht erkennbar gefälscht war. Darüber hinaus reicht es hier nach § 366 Abs. 1 HGB bereits aus, dass der Erwerber K gutgläubig hinsichtlich der Befugnis des Veräußerers F, über den Wagen zu verfügen, betrifft. Schließlich ist Autohändler F ein Kaufmann i.S.d. § 1 Abs. 1 HGB. Der Eigentumserwerb scheiterte lediglich daran, dass der Wagen abhandengekommen war. K ist also nicht bösgläubig.

K war daher gutgläubiger Eigenbesitzer.

III. Somit sind die Voraussetzungen des Anspruchs aus §§ 989, 990 Abs. 1 nicht gegeben, sodass sich daraus auch kein Schadensersatzanspruch von P gegenüber K ergibt.

B. Anspruch aus §§ 992, 823 Abs. 1

Jedoch könnte P gegenüber K einen Anspruch auf Schadensersatz aus §§ 992, 823 Abs. 1 haben.

Dann müsste K ein **deliktischer Besitzer i.S.d. § 992** gewesen sein. Hier hat aber nicht K den Wagen des P gestohlen. Vielmehr hat sich D den Besitz durch eine Straftat verschafft. Anhaltspunkt für eine Straftat des K, insbesondere eine eventuelle Hehlerei i.S.d. § 259 StGB, sind nicht gegeben. Auch liegt keine verbotene Eigenmacht durch K i.S.d. § 858 Abs. 1 vor.

Mangels eines deliktischen Besitzes des K i.S.d. § 992 ist der Anspruch aus §§ 992, 823 Abs. 1 nicht gegeben.

C. Anspruch aus § 823 Abs. 1

Möglicherweise steht dem P gegen K aber ein Schadensersatzanspruch aus § 823 Abs. 1 zu.

Fraglich ist allerdings, ob § 823 Abs. 1 überhaupt Anwendung findet. Aufgrund der hier vorliegenden Vindikationslage im Zeitpunkt der Verletzungshandlung schließt § 993 Abs. 1 letzter Hs. die Anwendbarkeit des Deliktsrechts **grundsätzlich** aus.[169] Die von diesem Grundsatz abweichenden Ausnahmen *(vgl. Fall 35 „beim bösgläubigen Besitzer", Fall 36 „beim Fremdbesitzerexzess")* liegen hier nicht vor. Zum **Schutz des unberechtigten, aber redlichen Besitzers ist das Deliktsrecht gesperrt**, sodass § 823 Abs. 1 keine Anwendung findet.

D. P hat daher gegen K keinen Anspruch auf Schadensersatz.

Abwandlung

A. Anspruch aus §§ 989, 990 Abs. 1

P könnte gegen K einen Schadensersatzanspruch nach §§ 989, 990 Abs. 1 geltend machen.

I. Im Zeitpunkt des anspruchsbegründenden Umstands, hier also im Zeitpunkt der Zerstörung des Pkw durch den Unfall (= Zeitpunkt der Verletzungshandlung), bestand zwischen P und K eine **Vindikationslage i.S.d. §§ 985, 986**.

Beachte:
Sperrwirkung des § 993 Abs. 1 letzter Hs.; **Sinn und Zweck** der Sperrwirkung ist es, den gutgläubigen bzw. redlichen Besitzer zu schützen; daher ist die **Prüfung dinglicher Ansprüche vor delikts- bzw. bereicherungsrechtlichen Ansprüchen systematisch unbedingt geboten.**

---

169 Palandt/Herrler § 993 Rn. 4; Staudinger/Gursky § 993 Rn. 1.

II. Im Zeitpunkt der Besitzbegründung war K nicht **bösgläubig**, er hatte weder Kenntnis noch grob fahrlässige Unkenntnis von seiner fehlenden Besitzberechtigung i.S.d. **§ 990 Abs. 1 S. 1**. Später wurde er zwar durch die Zustellung der Herausgabeklage über das Herausgabebegehren des P informiert. Dies begründet aber keine – gemäß § 990 Abs. 1 S. 2 dann nur noch erhebliche – positive Kenntnis hinsichtlich der Nichtberechtigung bezüglich seines Besitzrechts.[170] Schließlich steht durch die Klageerhebung noch nicht die Begründetheit des der Klage zugrundeliegenden Anspruchs fest; ein Urteil ergeht erst am Schluss der letzten mündlichen Verhandlung.

III. Somit steht P gegen K kein Schadensersatzanspruch aus §§ 990 Abs. 1, 989 zu.

B. Anspruch aus § 989

Möglicherweise kann P den ihm entstandenen Schaden aber aus § 989 geltend machen.

I. Eine **Vindikationslage** besteht im Zeitpunkt der Verletzungshandlung.

II. Mit Zustellung der Klage an K ist auch die **Rechtshängigkeit** eingetreten, §§ 253 Abs. 1, 261 Abs. 1 ZPO.

III. Wegen des Unfalls ist der Wagen völlig zerstört worden und kann daher **nicht herausgegeben** werden.

IV. K hat den Unfall auch **schuldhaft** verursacht.

V. Folglich muss K den Schaden ersetzen, der infolge der Unmöglichkeit der Herausgabe des Wagens entstanden ist. Er muss daher den tatsächlichen Wert des Pkw ersetzen.

C. Anspruch aus § 823 Abs. 1

Ein Anspruch des P gegen K aus § 823 Abs. 1 ist wegen der Sperrwirkung des § 993 Abs. 1 letzter Hs. ausgeschlossen.

---

170   BGH NJW 1993, 389, 392; Palandt/Herrler § 990 Rn. 5.

Fall 35: Zurechnung der Bösgläubigkeit Dritter;
Vorenthaltungsschaden

Dem Copyshopbetreiber F wird vom Dieb D ein Fotokopierer gestohlen. D verkauft und übereignet den Kopierer noch am selben Tag an den Großhändler K, der durch seinen Einkäufer E vertreten wird. E hätte hierbei den Umständen nach ohne Weiteres erkennen müssen, dass der Fotokopierer gestohlen ist, verschließt sich diesem Eindruck jedoch, weil er den möglichen Gewinn und damit seine Beförderung nicht gefährden möchte. K veräußert einen Monat später den Kopierer, der objektiv einen Wert von 3.500 € aufwies, an einen unbekannten Dritten für 5.000 €.

Als F von den Geschehnissen erfährt, möchte er von K Ersatz der ihm entstandenen Schäden, insbesondere auch der Kosten i.H.v. 200 €, die ihm dadurch entstanden sind, dass er für die ersten drei Wochen nach dem Diebstah ein Ersatzgerät anmieten musste. Auch wäre er an der Herausgabe des von K erlangten Verkaufserlöses interessiert.

Bestehen die geltend gemachten Ansprüche?

1. Teil: Schadensersatzansprüche

A. Anspruch aus §§ 989, 990 Abs. 1

Möglicherweise hat F einen Schadensersatzanspruch gegen K aus **§§ 989, 990 Abs. 1**.

I. Dann müsste **im Zeitpunkt des anspruchsbegründenden Umstands**, hier also im Zeitpunkt der Weiterveräußerung des Kopierers an einen unbekannten Dritten (= Zeitpunkt der Verletzungshandlung), ein **Eigentümer-Besitzer-Verhältnis** (EBV) i.S.d. §§ 985, 986 zwischen F und K bestanden haben.

1. Ursprünglich stand der Kopierer im Eigentum des F.

a) Er könnte sein Eigentum aber gemäß **§ 929 S. 1** dadurch verloren haben, dass D den Kopierer an K übereignet hat.

D und K, der durch E nach § 164 Abs. 1 S. 1 und Abs. 3 wirksam vertreten wurde, haben sich gemäß § 929 S. 1 über den Eigentumsübergang **geeinigt**.

Die **Übergabe** des Geräts von D an K ist mit der Übertragung des Besitzes an den Besitzdiener E (§ 855) erfolgt.

D handelte jedoch als **Nichtberechtigter**.

b) Es kommt daher nur ein Eigentumserwerb vom Nichtberechtigten gemäß **§§ 929 S. 1, 932 S. 1** in Betracht.

Ein **Rechtsgeschäft im Sinne eines Verkehrsgeschäfts** zwischen D und K ist gegeben.

Des Weiteren liegt auch der erforderliche **Rechtsschein des Besitzes** bei D vor.

K selbst hatte auch keine Anhaltspunkte für die fehlende Berechtigung des D, sodass er gutgläubig war. Allerdings hätte E ohne Weiteres erkennen

Ein gutgläubiger Erwerb scheitert hier an § 935 Abs. 1 S. 1. Trotzdem sollte i.R.d. Klausur systematisch vorgegangen werden, um auch andere Problemfelder bearbeiten zu können.

99

| 6. Teil | Eigentümer-Besitzer-Verhältnis; §§ 987 ff. |

müssen, dass die Maschine gestohlen war. Seine Unkenntnis war insoweit grob fahrlässig und daher war er bösgläubig i.S.v. § 932 Abs. 2.

Fraglich ist, ob K die **Bösgläubigkeit** des E zugerechnet werden kann. In Betracht kommt hier eine **Zurechnung nach § 166 Abs. 1**. Die rechtlichen Folgen der von E als Vertreter des K im Rahmen des § 929 S. 1 abgegebenen Willenserklärung hängen davon ab, ob die fehlende Berechtigung des D zumindest gekannt werden musste. Nach § 166 Abs. 1 ist dabei auf die **Person des Vertreters** abzustellen. Folglich ist K die Bösgläubigkeit des E zuzurechnen. Daher ist mangels guten Glaubens ein gutgläubiger Erwerb des Eigentums an dem Kopierer nach §§ 929 S. 1, 932 Abs. 1 nicht möglich. Dieser scheitert daneben auch wegen des Abhandenkommens des Kopierers gemäß § 935 Abs. 1.

F war im Veräußerungszeitpunkt also noch Eigentümer des Fotokopierers.

2. K war zu diesem Zeitpunkt unmittelbarer **Besitzer.**

3. K hatte auch **kein Recht zum Besitz** i.S.d. § 986.

Im Zeitpunkt der Veräußerung lag also ein EBV zwischen F und K vor.

II. Weiterhin müssten für einen Anspruch aus **§§ 989, 990 Abs. 1** deren zusätzliche Voraussetzungen gegeben sein.

1. K müsste hinsichtlich seiner Besitzberechtigung **bösgläubig** gewesen sein. Dies ist gemäß § 990 Abs. 1 S. 1 dann der Fall, wenn K beim Besitzerwerb Kenntnis oder grob fahrlässige Unkenntnis bezüglich des Mangels seines Besitzrechts gehabt hat. Vorliegend hatte K selbst weder Kenntnis noch grob fahrlässige Unkenntnis von seinem fehlenden Besitzrecht. Möglicherweise muss er sich jedoch die grob fahrlässige Unkenntnis des E **zurechnen** lassen.

a) In Betracht kommt eine **Zurechnung der Kenntnis oder Unkenntnis des Vertreters nach § 166 Abs. 1**. Die Anwendung dieser Zurechnungsnorm setzt voraus, dass es auf die Beeinflussung der **Folgen von Willenserklärungen** durch die Kenntnis oder Unkenntnis von Umständen ankommt. Vorliegend kommt es auf das Kennen oder Nichtkennen von Umständen bei Besitzerwerb, also bei **Eintritt eines Realakts**, an. Somit ist eine Zurechnung über § 166 Abs. 1 in unmittelbarer Anwendung nicht möglich.

Wichtig: Im Zeitpunkt der anspruchsbegründenden Umstände muss ein EBV bereits **bestehen**; ein **Entstehen** erst zu diesem Zeitpunkt ist nicht ausreichend.

b) Eine **Zurechnung** über den Rechtsgedanken des **§ 278 S. 1 Var. 2** setzt das Vorliegen einer Sonderverbindung voraus. Das EBV begründet zwar ein **gesetzliches Schuldverhältnis**. Jedoch entsteht das EBV erst durch die Besitzbegründung durch K. Folglich **entstand** hier das EBV als gesetzliches Schuldverhältnis, **bestand** bei Besitzerwerb aber noch nicht. Mangels bereits bestehendem EBV im Zeitpunkt der Besitzbegründung kann demzufolge eine Zurechnung nicht gemäß § 278 S. 1 Var. 2 vorgenommen werden.

c) Daher nimmt die **h.M.** eine **Zurechnung** der Bösgläubigkeit des Besitzdieners über eine **entsprechende Anwendung des § 166 Abs. 1** vor.[171] Hiernach sei es gerechtfertigt, dass dem Geschäftsherrn, der einen anderen

---

171 BGHZ 55, 307, 311; Bamberger/Fritzsche § 990 Rn. 29; Palandt/Herrler § 990 Rn. 6; Staudinger/Gursky § 990 Rn. 46 ff.

Fall 35: Zurechnung der Bösgläubigkeit Dritter; Vorenthaltungsschaden

6. Teil

selbstständig für sich handeln lasse, die Kenntnis des Handelnden zugerechnet werde. Denn der selbstständig handelnde Besitzdiener entscheide eigenständig darüber, ob der Besitzherr den Besitz erwerben solle oder nicht. Da vorliegend E selbstständig darüber entscheiden konnte, ob Besitz begründet wird oder nicht, ist seine Stellung insoweit mit der eines Vertreters vergleichbar, sodass sich K danach dessen Bösgläubigkeit nach § 166 Abs. 1 analog zurechnen lassen muss.

d) Eine andere Ansicht stützt die **Zurechnung** der Bösgläubigkeit des Besitzdieners auf eine **entsprechende Anwendung des § 831.**[173] Danach soll der Besitzherr nur dann wie ein bösgläubiger Besitzer gestellt werden, wenn es ihm nicht gelingt, sich hinsichtlich des wissentlich oder grob fahrlässig handelnden Besitzdieners zu entlasten. Das Verschulden des K wird im Rahmen des § 831 vermutet. Dieser hat auch keine ihn exkulpierenden Umstände vorgetragen, sodass er sich auch hiernach die Bösgläubigkeit des E zurechnen lassen muss.

Da sich K nach beiden Ansichten die Bösgläubigkeit des E zurechnen lassen muss, bedarf es keiner Streitentscheidung.

Zurechnung der Bösgläubigkeit des Besitzdieners entweder über § 166 Abs. 1 analog (h.M.) oder über § 831 analog.[172]

2. Den Kopierer hat K an einen unbekannten Dritten übergeben, sodass ihm die Herausgabe des Gerätes **unmöglich** geworden ist.

3. Ausgehend von einer Zurechnung der Bösgläubigkeit § 166 Abs. 1 analog bzw. § 831 analog zulasten des K, hat dieser auch zumindest fahrlässig und damit **schuldhaft** i.S.d. § 276 gehandelt, als er den Fotokopierer an einen unbekannten Dritten weitergegeben hat.

III. Folglich muss K nach §§ 989, 990 Abs. 1, 249 ff. den Schaden ersetzen, der **infolge** der Unmöglichkeit entstanden ist.

1. Somit muss K den objektiven Wert des Kopierers i.H.v. 3.500 € ersetzen.

2. Fraglich ist jedoch, ob er auch die Mietkosten i.H.v. 200 € ersetzen muss. Dies ist davon abhängig, ob das Ersatzgerät **vor** oder **nach** Eintritt des die Unmöglichkeit der Herausgabe begründenden Ereignisses angemietet worden ist. Nur wenn dies danach erfolgte, kann der Schaden **infolge** der Unmöglichkeit der Herausgabe entstanden sein. Da die Anmietung vorliegend vorher erfolgte, kann dieser Schaden aber nicht **infolge** der Unmöglichkeit entstanden sein. Es handelt sich vielmehr um einen sog. **Vorenthaltungsschaden**, der nicht von §§ 989, 990 Abs. 1 erfasst wird.

IV. F hat demnach gemäß §§ 989, 990 Abs. 1 einen Schadensersatzanspruch gegen K i.H.v. 3.500 €.

Beachte:
Der Anspruch des F ist nur Zug-um-Zug gegen Abtretung aller Ansprüche des F gegen den Dieb D und den unbekannten Dritten durchsetzbar, §§ 255, 273 Abs. 1.

B. Anspruch nach §§ 990 Abs. 2, 280 Abs. 1, 2, 286

Eventuell kann F den entstandenen **Vorenthaltungsschaden** aber aus Gründen der Verzögerung der Leistung nach §§ 990 Abs. 2, 280 Abs. 1, 2, 286 geltend machen.

I. Die Voraussetzungen des **§ 990 Abs. 1** sind gegeben (s.o.).

II. Des Weiteren müsste K hinsichtlich des Herausgabeanspruchs des F aus §§ 280 Abs. 1, 2, 286 in **Verzug** geraten sein.

---

172 Vgl. dazu Palandt/Herrler § 990 Rn. 6.
173 Staudinger/Schilken § 166 Rn. 11; Baur/Stürner § 5 Rn. 15; Roth JuS 1997, 710, 711.

101

1. F stand gegen K bis zur Weiterveräußerung an den Dritten ein **möglicher, fälliger und durchsetzbarer Anspruch** auf Herausgabe des Gerätes aus § 985 – einem gesetzlichen Schuldverhältnis – zu.

2. Indem K dieser Pflicht nicht nachgekommen ist, hat er seine **Pflicht hieraus** verletzt.

3. F müsste weiterhin den K gemahnt haben.

Eine **Mahnung** i.S.d. § 286 Abs. 1 S. 1 liegt nicht vor.

Fraglich ist, ob diese nach § 286 Abs. 1 S. 2 Var. 1 entbehrlich ist.
Dann hätte F gegen K auf Herausgabe des Kopierers klagen müssen. Das hat er nicht getan. Allerdings wird im Rahmen des **Bereicherungsrechts** bei Vorliegen der Bösgläubigkeit in diesen Fällen auch auf eine Mahnung verzichtet, weil **gemäß § 819 Abs. 1 die Bösgläubigkeit der Klageerhebung gleichgestellt** wird.[174]

Fraglich ist, ob dies auch für das EBV gilt. Die im Verhältnis zu §§ 990 Abs. 1, 989 weitergehende Haftung des § 990 Abs. 2 trifft nach **systematischer Auslegung** des Gesetzes aber nur den nach § 990 Abs. 1 Haftenden, nicht den verklagten Besitzer nach § 989. Andernfalls hätte § 990 Abs. 2 in § 989 geregelt werden müssen, auf den § 990 verweist. Im EBV werden demnach Verklagter und Bösgläubiger nicht gleichbehandelt.
Die Mahnung ist nicht entbehrlich.[175]

Mangels Mahnung ist also kein Verzug des K eingetreten, sodass ein Anspruch aus §§ 990 Abs. 2, 280 Abs. 1, 2, 286 ausscheidet.

C. Anspruch aus §§ 992, 823 Abs. 1

Ein Anspruch aus §§ 992, 823 Abs. 1 scheidet aus, da K sich den Besitz nicht durch eine Straftat oder eine schuldhaft verbotene Eigenmacht i.S.d. § 858 Abs. 1 verschafft hat.

D. Anspruch aus §§ 687 Abs. 2, 678

*Die Prüfung des gesetzlichen Schuldverhältnisses der §§ 677 ff. (GoA) sollte grundsätzlich bei den vertragsähnlichen Ansprüchen und damit **vor** dem EBV erfolgen. Hier erfolgt die Prüfung aus klausurtaktischen Gründen **nach** dem EBV, um die Zurechnung zu erörtern.*

F könnte gegen K ein Schadensersatzanspruch wegen angemaßter Eigengeschäftsführung gemäß §§ 687 Abs. 2, 678 zustehen.

I. § 687 Abs. 2 ist neben den §§ 987 ff. **anwendbar**.

II. K müsste ein **Geschäft des F geführt** haben. Der Verkauf des Fotokopierers ist ein Geschäft des Eigentümers F.

III. Der Geschäftsführer muss das Geschäft „als eigenes", d.h. mit **eigennütziger Absicht**, geführt haben. K hat den Kopierer im eigenen Namen auf eigene Rechnung verkauft. Er handelte mit eigennütziger Absicht.

IV. § 687 Abs. 2 setzt **positive Kenntnis der Fremdheit** des Geschäfts voraus. K kannte das Eigentum des F und daher die Fremdheit des Geschäfts nicht. Auch der beim Einkauf tätig gewordene E hatte keine positive Kenntnis. Selbst wenn sich K die Kenntnisse des E analog § 166 Abs. 1 zurechnen lassen muss, sind die Voraussetzungen des § 687 Abs. 2 nicht gegeben.

V. F hat gegen K keinen Schadensersatzanspruch aus §§ 687 Abs. 2, 678.

---

174 Palandt/Sprau § 819 Rn. 9, § 818 Rn. 54.
175 Im Ergebnis ebenso: BGH NJW 1993, 389, 392; Palandt/Herrler § 990 Rn. 9.

E. Anspruch aus §§ 280 Abs. 1, 3, 283

Ein Schadensersatzanspruch aus **§§ 280 Abs. 1, 3, 283** wegen Unmöglichkeit der Herausgabe des Fotokopierers aus § 985 ist ebenfalls nicht gegeben, da die Anwendung der §§ 280 ff. auf den Anspruch des Eigentümers aus § 985 nach systematischer Gesetzesauslegung **ausgeschlossen** ist.[176]

§§ 987 ff. sind – soweit sie Regelungen treffen – grundsätzlich lex specialis zu den allgemeinen Vorschriften (§§ 280 ff.).

F. Anspruch aus § 823 Abs. 1

F könnte gegen K einen Anspruch auf Schadensersatz wegen der Weitergabe und wegen des Vorenthaltungsschadens aus **§ 823 Abs. 1** wegen einer Eigentumsverletzung haben.

Fraglich ist jedoch, ob § 823 Abs. 1 überhaupt anwendbar ist. Grundsätzlich greift bei Vorliegen eines EBV die **Sperrwirkung** des § 993 Abs. 1 letzter Hs., sodass § 823 Abs. 1 nicht anwendbar wäre.
Streitig ist jedoch, ob § 823 Abs. 1 neben den §§ 987 ff. gegen den Bösgläubigen anwendbar ist.

*Ob § 823 Abs. 1 neben den §§ 987 ff. gegen den **bösgläubigen Besitzer** anwendbar ist, ist streitig.*

I. Nach **h.M.** ist entsprechend dem Wortlaut des § 993 Abs. 1 letzter Hs. § 823 Abs. 1 **nicht unmittelbar anwendbar**, auch wenn es sich bei dem unberechtigten Besitzer um einen Bösgläubigen handelt.[177] Dafür spreche, dass nach § 990 Abs. 2 der Vorenthaltungsschaden bei Vorliegen der Voraussetzungen des § 990 Abs. 1 nur bei Verzug ersetzt werde. Diese Regelung würde durch die Anwendung des § 823 Abs. 1 unterlaufen, da nach § 823 Abs. 1 der Vorenthaltungsschaden ohne die Verzugsvoraussetzungen, insbesondere ohne Mahnung, ersetzt werden müsste.

II. Nach der Gegenansicht ist § 823 Abs. 1 auf den bösgläubigen Besitzer **unmittelbar anzuwenden**.[178] § 993 Abs. 1 letzter Hs. sei nach seinem Sinn und Zweck so auszulegen, dass diese Vorschrift nur den Gutgläubigen schütze, da der Bösgläubige und der Verklagte nicht schutzwürdig seien. Wenn schon der Gutgläubige beim Fremdbesitzerexzess nach § 823 Abs. 1 hafte, so müsse dies erst recht für den bösgläubigen Besitzer gelten.

III. Der h.M. ist hier zu folgen und daher die unmittelbare Anwendbarkeit des § 823 Abs. 1 abzulehnen. Andernfalls würde die Wertung des § 990 Abs. 2 ausgehebelt. Dafür spricht auch die Wertung des Gesetzgebers in § 992, der nur in Sonderfällen den Weg ins Deliktsrecht eröffnet.

IV. Ein Anspruch des F gegen K aus § 823 Abs. 1 ist daher nicht gegeben.

2. Teil: Erlösansprüche

A. Anspruch aus § 285

Ein Anspruch des F gegen K aus § 285 auf Herausgabe des Erlöses ist nicht gegeben, da die Vorschrift auf den Anspruch aus § 985 **nicht anwendbar** ist (vgl. 1. Teil E.).

Andernfalls würde F privilegiert werden; denn er könnte sowohl gegen K aus § 285 als auch gegen den unbekannten Dritten aus § 985 vorgehen. Wenn der Erlös herausverlangt wird, muss er vielmehr die Verfügung des K genehmigen und über § 816 Abs. 1 S. 1 vorgehen. Dann hat er gegen den Dritten keine Ansprüche mehr.

---

176 Palandt/Herrler vor § 987 Rn. 18; Roth JuS 1997, 518, 520.
177 BGHZ 56, 73, 77; BGH WM 1989, 1756, 1758; Staudinger/Gursky vor §§ 987–993 Rn. 64 ff.; Roth JuS 1997, 710 f.
178 Wolf/Wellenhofer, Sachenrecht, Kap. 7, Rn. 43; Müller JuS 1983, 516, 519.

B. Anspruch aus §§ 667, 681, 687 Abs. 2

Ein Anspruch aus §§ 667, 681, 687 Abs. 2 scheidet aus, da – wie bereits dargelegt – keine positive Kenntnis der Fremdheit des Geschäfts vorhanden war.

C. Anspruch aus § 816 Abs. 1 S. 1

In Betracht kommt der Anspruch auf Erlösherausgabe aus § 816 Abs. 1 S. 1.

I. K hat vorliegend **als Nichtberechtigter verfügt**.

II. Die Verfügung ist bislang, da F noch Eigentümer ist, ihm gegenüber nicht wirksam (vgl. oben 1. Teil A. I. 1.). Er kann diese aber durch eine, eventuell konkludent in dem Herausgabeverlangen bzw. in der Klageerhebung liegende **Genehmigung i.S.d. § 185 Abs. 2 S. 1 Var. 1** wirksam werden lassen.

Der **Umfang** des Erlangten i.S.d. § 816 ist streitig.

III. Somit ist K zur Herausgabe des durch die Verfügung Erlangten verpflichtet. Der **Umfang des Erlangten** i.S.d. § 816 Abs. 1 S. 1 ist streitig.

1. Einer Ansicht nach hat K durch die Verfügung die **Befreiung von seiner Verbindlichkeit** gegenüber dem unbekannten Dritten erlangt.[179] Da diese Befreiung faktisch nicht herausgegeben werden kann, ist dafür gemäß § 818 Abs. 2 Wertersatz zu leisten. Wertersatz bedeutet grundsätzlich, dass der **objektive Wert** zu leisten ist. Folglich hätte F hiernach einen Anspruch auf Herausgabe von 3.500 €.

2. Nach **h.M.** kann der vom Nichtberechtigten erzielte **Erlös inklusive** des den Wert der Sache übersteigenden **Mehrerlöses** verlangt werden.[180] Demnach steht F gegen K ein Anspruch auf Herausgabe des gesamten Erlöses i.H.v. 5.000 € zu.

3. Die Ansichten kommen zu unterschiedlichen Ergebnissen, sodass eine Streitentscheidung erforderlich ist. Der letztgenannten Ansicht ist zu folgen. Hierfür spricht die systematische Auslegung der Vorschrift mit § 816 Abs. 1 S. 2. Obwohl der Schenker auch die Befreiung von seiner Verbindlichkeit erlangt, richtet das Gesetz den Kondiktionsanspruch gegen den Beschenkten. Dies spricht dafür, dass der Gesetzgeber davon ausgeht, dass der unentgeltliche Veräußerer durch die bloße Befreiung nichts erlangt.

IV. F hat gegen K einen Anspruch auf Herausgabe der vom Dritten erlangten 5.000 € aus § 816 Abs. 1 S. 1.

---

179 Im Ergebnis ebenso: Medicus/Petersen, Bürgerliches Recht, Rn. 723; v.Caemmerer, FS Rabel, 1954, 333, 356; Röner AcP 119, 293, 354.
180 BGH NJW 1997, 190, 191; Westermann/Gursky § 47 Rn. 16 a.E.

Fall 36: Haftung des „nicht-so-berechtigten" Besitzers/ Fremdbesitzerexzess

F ist Eigentümer eines Geschäftslokals, welches er an K für einen monatlichen Mietzins von 750 € vermietet hat. K, der eine Umschulung zum Masseur begonnen und sein eigenes Gewerbe aufgegeben hat, sieht nun die Gelegenheit, etwas Geld für den Start seiner neuen Karriere zu verdienen. Er vermietet – ohne das Wissen des F – die Geschäftsräumlichkeiten an vier ruhige Theologiestudenten, die dort eine Schwangerschaftsberatung anbieten und eine Gesamtmiete von 1.200 € zahlen. Als F hiervon erfährt, verlangt er von K den Mehrerlös von monatlich 450 € heraus. F ist sauer, dass K ihn nicht um Erlaubnis gefragt hat. K hingegen gibt an, nicht gewusst zu haben, dass er dafür bei F um Erlaubnis habe nachfragen müssen.

Wie ist die Rechtslage?

A. Anspruch aus §§ 280 Abs. 1, 241 Abs. 2

F könnte gegen K einen Anspruch auf Schadensersatz wegen einer Nebenpflichtverletzung aus §§ 280 Abs. 1, 241 Abs. 2 haben.

I. Zwischen F und K besteht ein **wirksames Schuldverhältnis** in Form eines Mietvertrages nach § 535.

II. Zudem müsste K eine **Nebenpflicht** nach § 241 Abs. 2 **verletzt** haben.

Mangels anderweitiger Anhaltspunkte darf K als Mieter nach § 540 Abs. 1 S. 1 ohne Erlaubnis des Vermieters F die Mietsache nicht untervermieten. Es bestand daher für K die **Nebenpflicht i.S.d. § 241 Abs. 2**, den F zunächst um Erlaubnis zu fragen. Ohne diese Erlaubnis besteht keine Befugnis zur Untervermietung, da die Mitbenutzung der Mietsache durch andere nur dann zum eigenen Gebrauch des Mieters gehört, wenn sich dies aus der Natur des Mietverhältnisses ergibt, solange der Mieter den unmittelbaren Besitz und die Herrschaft über die Mietsache behält. [181]

K hat die erforderliche Erlaubnis des F nicht eingeholt und mithin seine mietvertragliche Nebenpflicht durch die Überlassung der Mietsache an die Studenten verletzt.

III. Ferner müsste K die Nebenpflichtverletzung auch zu vertreten haben.

Sein **Vertretenmüssen** wird gemäß § 280 Abs. 1 S. 2 vermutet. Eine Exkulpation des K ist nicht erfolgt; zudem hat er die im Verkehr erforderliche Sorgfalt i.S.d. § 276 Abs. 2 nicht beachtet, als er, ohne sich über ein etwaiges Einwilligungserfordernis zu informieren, den Mietgegenstand weitergegeben hat. Er hat damit fahrlässig gemäß § 276 Abs. 1 gehandelt und somit die Nebenpflichtverletzung auch zu vertreten.

IV. Mithin hat F gegenüber K einen Anspruch auf Schadensersatz neben der Leistung und kann Ersatz des durch die Nebenpflichtverletzung kausal verursachten Schadens verlangen. Das bedeutet, dass K gemäß der §§ 249 ff. zum Ersatz des durch die ohne Einwilligung vorgenommene Untervermietung adäquat kausal verursachten Schadens verpflichtet ist.

---

181 Vgl. dazu MüKo/Bieber § 540 Rn. 4.

Fraglich ist jedoch, ob überhaupt ein **Schaden** des F vorliegt.

Auch eine höhere Abnutzung des Ladenlokals durch die Studenten und ein daraus folgender Schaden ist nicht ersichtlich.

Möglicherweise hat F aber einen Anspruch auf Zahlung des Mehrerlöses von monatlich 450 € aufgrund entgangenen Gewinns nach § 252. Allerdings ist zu beachten, dass F im Zeitpunkt der Untervermietung die Mietsache bereits an K vermietet hatte. Eine Vermietung an die Studenten mit der Folge der Erzielung des Mehrerlöses von monatlich 450 € war daher nicht wahrscheinlich, da sich F dadurch dem K gegenüber vertragswidrig verhalten hätte. Auch ist nicht geklärt, ob er die Studenten ebenfalls als Mieter gewonnen hätte bzw. ob er in den Verhandlungen den gleichen Mietzins ausgehandelt hätte.

V. Ein Schaden des F ist daher durch die Untervermietung nicht entstanden, sodass der Anspruch aus §§ 280 Abs. 1, 241 Abs. 2 nicht gegeben ist.

> Ob die Untervermietung einer Sache ein fremdes Geschäft darstellt, ist umstritten.

B. Im Hinblick darauf, dass K von dem Erfordernis der Einwilligung keine Kenntnis hatte, kommen Ansprüche aus **GoA** gemäß **§§ 677, 681 S. 2, 667** mangels Kenntnis einer etwaigen Fremdheit des Geschäfts nicht in Betracht (§ 687 Abs. 1).

C. Anspruch aus §§ 987 Abs. 1, 990 Abs. 1

Möglicherweise hat F aber einen Anspruch auf **Herausgabe der Nutzungen** aus §§ 987 Abs. 1, 990 Abs.1.

I. Das setzt voraus, dass im Zeitpunkt der anspruchsbegründenden Handlung – hier also **im Zeitpunkt der Nutzungsziehung** i.S.d. §§ 100, 99 Abs. 3 in Form der Untervermietung – eine **Vindikationslage** im Sinne der §§ 985, 986 zwischen F und K bestanden haben muss.

1. F war und ist **Eigentümer** der Räumlichkeiten.

2. K war zum maßgeblichen Zeitpunkt auch **Besitzer** der Mietsache. Den unmittelbaren Besitz übten zwar die Studenten aus. K war aber als Vermieter mittelbarer Besitzer, § 868.

> Ob bei Überschreitung des Besitzrechts durch den rechtmäßigen Fremdbesitzer eine Vindikationslage bzw. ein EBV vorliegt, ist umstritten.

3. Zwischen F und K bestand zu diesem Zeitpunkt aber ein Mietvertrag i.S.d. § 535, sodass K ein **Recht zum Besitz i.S.d. § 986** hatte, soweit er es selbst nutzte.

Ob allerdings bei Überschreitung des Besitzrechts durch den rechtmäßigen Fremdbesitzer eine Aufteilung in einen rechtmäßigen und einen, soweit die Überschreitung greift, unrechtmäßigen Besitz vorgenommen werden darf, ist umstritten.

a) Einer Ansicht nach wird der Teil der Besitzrechtsausübung, der über die eingeräumte Befugnis hinausgeht, als unrechtmäßiger Besitz gedeutet.[182] Insoweit K ohne die Erlaubnis des F die Räumlichkeiten weitergegeben hat, würde er hiernach als unrechtmäßiger Besitzer behandelt werden, sodass der Anwendungsbereich der §§ 987 ff. eröffnet wäre.

b) Die h.M. hingegen lehnt die Lehre vom „Nicht-so-Berechtigten" ab. Das mangelnde vertragliche Recht zu einem bestimmten Verhalten könne der

---

182 Zeuner, FS Felgentraeger 1969, S. 423 ff.

Fall 36: Haftung des „nicht-so-berechtigten" Besitzers/Fremdbesitzerexzess

fehlenden Berechtigung zum Besitz, auf die die spezielle Risikoverteilung der §§ 987 ff. abgestellt sei, nicht gleichgestellt werden. Die Aufteilung des Besitzes in einen rechtmäßigen und einen unrechtmäßigen Teil bereite zudem große Schwierigkeiten, zumal nicht klar sei, ob diese Aufteilung räumlich, zeitlich oder sonst wie erfolgen solle. Hiernach ist hinsichtlich des Besitzrechts des K auf den mit F geschlossenen Mietvertrag abzustellen.

Hiernach läge ein Recht zum Besitz i.S.d. § 986 vor, sodass eine Vindikationslage im Zeitpunkt der Nutzungsziehung nicht gegeben wäre, sodass Ansprüche aus §§ 987 ff. ausscheiden würden.

c) Der zweiten Ansicht ist zu folgen.

Es besteht für die Figur des „Nicht-so-Berechtigten" (Fremdbesitzerexzess) kein Bedürfnis. Denn in diesen Fällen gewähren sowohl vertragliche als auch deliktische Ansprüche dem Eigentümer genügend Schutz.

II. Eine Vindikationslage ist somit nicht gegeben.

Ein Anspruch des F gegen K aus §§ 990 Abs. 1, 987 Abs. 1 besteht nicht.

D. Anspruch aus § 823 Abs. 1

Ein möglicher Anspruch des F gegen K gemäß § 823 Abs. 1 aus dem Gesichtspunkt der Eigentumsverletzung scheitert am **fehlenden Schaden** *(vgl. A. IV)*.

E. Anspruch aus § 816 Abs. 1 S. 1

In Betracht kommt weiterhin ein Anspruch des F gegen K aus **§ 816 Abs. 1 S. 1** auf Herausgabe des Erlöses.

Dann müsste K als Nichtberechtigter eine **Verfügung** über die Räumlichkeiten vorgenommen haben.

Eine Verfügung ist ein Rechtsgeschäft, durch das ein Recht unmittelbar übertragen, geändert, aufgehoben oder belastet wird.

Bei der Untervermietung wird das Eigentumsrecht des Vermieters F aber weder übertragen, noch belastet, noch sonst wie geändert.

Mangels Verfügung ist der Anspruch aus § 816 Abs. 1 S. 1 daher nicht gegeben.

Nach nahezu einhelliger Ansicht scheidet auch eine **analoge Anwendung des § 816 Abs. 1 S. 1** aus,[183] weil der Untermietzins keinen Gegenwert darstellt, den der Mieter „anstelle" des Eigentümers erzielt. Dieser hätte die bereits an den Mieter vermietete Sache nicht mehr selbst an einen Dritten untervermieten können. Hinzu kommt, dass der Untermieter dem Vermieter gegenüber kein Recht zum Besitz erlangt, die Untervermietung also nicht wirksam in dessen Rechtsposition eingreift.

F. Anspruch aus § 812 Abs. 1 S. 1 Var. 2

Eventuell könnte F gegen K aber einen Anspruch aus **§ 812 Abs. 1 S. 1 Var. 2 (Eingriffskondiktion)** geltend machen.

I. K hat den Mietzins von den Studenten, den Besitz der Mietsache zur eigenen Besitzausübung und die damit verbundene Möglichkeit der Untervermietung, also **„etwas"** im Rechtssinne, **erlangt.**

---

183 BGH ZIP 1996, 232, 235; BGH NJW 2007, 216, 217 = RÜ 2007, 4, 10; Palandt/Weidenkaff § 540 Rn. 14.

| 6. Teil | Eigentümer-Besitzer-Verhältnis; §§ 987 ff. |

Beachte: Vorrang der Leistungskondiktion vor der Nichtleistungskondiktion.

II. Sowohl den Mietzins als auch den Besitz an der Mietsache hat K durch Leistung des F bzw. der Studenten erlangt, sodass insoweit ein Erwerb **in sonstiger Weise** nicht in Betracht kommt. Lediglich die Möglichkeit der Untervermietung hat K in sonstiger Weise erlangt.

III. Fraglich ist, ob K diesen Vermögenswert **auf Kosten** des F erlangt hat.

1. Da die unberechtigte Untervermietung das dem Eigentümer gebühren-de Abwehr- und Nutzungsrecht des zivilrechtlichen Eigentums i.S.d. § 903 verletze, wird nach einer Ansicht ein Eingriff in das Eigentum des Vermie-ters durch die unberechtigte Untervermietung bejaht.[184]

Da – mangels Erlaubnis – auch kein Rechtsgrund vorliegt, wären hiernach die Voraussetzungen des Anspruchs aus § 812 Abs. 1 S. 1 Var. 2 gegeben.

2. Die überwiegende Ansicht lehnt dies jedoch ab und verweist darauf, dass die Untervermietung – auch wenn sie unberechtigt erfolgt – ein dem Mieter zugewiesenes Geschäft sei.

Dem Vermieter entgingen dadurch schließlich keine Verwertungs- und Ge-brauchsmöglichkeiten, derer er sich nicht schon vorher entäußert habe.[185]

Ein Anspruch des F gegen K läge dieser Ansicht nach also nicht vor.

3. Die Ansichten kommen zu unterschiedlichen Ergebnissen, sodass eine Streitentscheidung erforderlich ist.

Der letztgenannten Ansicht ist zu folgen. Zwar wird durch die unberechtig-te Untervermietung in das in § 540 Abs. 1 normierte Recht des Eigentü-mers, selbst über die Weggabe des Besitzes entscheiden zu können, einge-griffen. Allerdings braucht der Vermieter nicht zum Schutz seiner Rechts-positionen einen Anspruch auf Herausgabe des Mehrerlöses. Gegen den unbefugten Gebrauch der Mietsache durch einen Dritten kann er sich durch fristlose Kündigung gemäß § 543 Abs. 1, 2 Nr. 2 oder Unterlassungs-klage nach § 541 wehren. Soweit ihm aus der unbefugten Untervermie-tung ein Schaden, beispielsweise durch eine erhöhte Abnutzung, entste-hen sollte, ist ihm der Mieter ohnehin ersatzpflichtig.

Daher ist es nicht gerechtfertigt, ihm den Zugriff auf den durch den Mieter erzielten Mehrerlös zu gewähren.[186]

IV. F steht mithin gegen K kein Anspruch aus § 812 Abs. 1 S. 1 Var. 2 zu.

---

184 Gebauer Jura 1998, 128, 131; Erman/Westermann § 812 Rn. 71.
185 BGH NJW 2002, 60, 61; Staudinger/Lorenz § 816 Rn. 7.
186 Vgl. dazu BGHZ 131, 297; BGH NJW 1999, 838; MüKo/Bieber § 540 Rn. 21.

Fall 37: Haftung des „noch-berechtigten" Besitzers

F gibt bei dem Münzhändler K seine Münzsammlung in Verwahrung. Bis zur Fertigstellung seines neuen Hauses soll diese bei K aufbewahrt werden. Als sich K auf einen Kurzurlaub in den Schwarzwald begibt, verkauft sein Angestellter (A) die Sammlung, die K ohne besondere Kennzeichnung in den Verkaufsraum gestellt hatte, an den gutgläubigen Hammelhoff (H), der diese unter keinen Umständen herausgeben möchte. Als F von den Geschehnissen erfährt, fragt er, welche Ansprüche ihm gegen K zustehen.

A. Anspruch aus §§ 280 Abs. 1, 3, 283

F könnte gegenüber K einen Schadensersatzanspruch aus **§§ 280 Abs. 1, 3, 283** zustehen

I. Dazu müsste zwischen beiden ein **wirksames Schuldverhältnis** bestehen.

F und K haben einen wirksamen Verwahrungsvertrag nach §§ 688 ff. geschlossen, sodass zwischen beiden ein wirksames Schuldverhältnis besteht.

II. Ferner müsste K (oder jedermann) gemäß § 283 die Erfüllung der ihm aus dem Verwahrungsvertrag obliegenden Hauptleistungspflicht nach § 275 unmöglich geworden sein.

Die Rückgabe der Sammlung nach § 695 ist K nach dem Erwerb durch H nicht mehr möglich, zumal sich dieser weigert, die Sammlung zurückzugeben. Somit ist K die **Erfüllung der Hauptleistungspflicht nach § 275 Abs. 1 subjektiv unmöglich** geworden, sodass eine Pflichtverletzung i.S.d. § 283 gegeben ist.

III. Zudem hat K die Unmöglichkeit der Rückgabe auch **zu vertreten, § 280 Abs. 1 S. 2**. Eine Exkulpationsmöglichkeit des K ist nicht gegeben; er hat die im Verkehr erforderliche Sorgfalt nicht beachtet, als er die Sammlung ohne besondere Kennzeichnung und ohne Aufklärung seines Angestellten in den Verkaufsraum gestellt hat und dann in den Urlaub gefahren ist. Er hat damit fahrlässig gehandelt.

IV. Somit hat F gegen K einen Schadensersatzanspruch aus §§ 280 Abs. 1, 3, 283. Eine Naturalrestitution nach § 249 Abs. 1 ist nicht möglich, sodass der Anspruch auf **Ersatz der ihm entstandenen Vermögensschäden in Geld (Schadenskompensation)** gerichtet ist, § 251 Abs. 1 Var. 1.

B. Anspruch aus §§ 989, 990 Abs. 1

Des Weiteren könnte F gegen K einen Schadensersatzanspruch aus **§§ 989, 990 Abs. 1** haben.

Dann müsste im Zeitpunkt der anspruchsbegründenden Handlung – hier die Veräußerung der Münzsammlung an H – eine **Vindikationslage** zwischen F und K nach §§ 985, 986 vorgelegen haben.

I. F war **Eigentümer** der Münzsammlung.

II. Ferner war K, und nicht der Angestellte A, **unmittelbarer Besitzer** der Sammlung, §§ 854 Abs. 1, 855. A ist (nur) der Besitzdiener des K.

Besteht zwischen Eigentümer und Besitzer ein Schuldverhältnis, aufgrund dessen der Eigentümer **jederzeit** die Sache herausverlangen kann (z.B. Leihe oder Verwahrung) ist streitig, ob diese Rechtsverhältnisse ein Recht zum Besitz gemäß § 986 gewähren können.

III. Fraglich ist, ob K ein **Recht zum Besitz** der Münzsammlung i.S.d. **§ 986** gegenüber F zustand oder ob er unrechtmäßiger Besitzer der Münzsammlung war.

Ein Recht zum Besitz könnte sich nur aus dem zwischen F und K geschlossenen **Verwahrungsvertrag** nach § 688 ergeben.

Umstritten ist jedoch, ob sich aus einem Verwahrungsvertrag überhaupt ein Recht zum Besitz i.S.d. § 986 ergibt.

1. Einer Ansicht nach ist der Verwahrer genauso zu behandeln wie ein bereits verklagter Besitzer.[187] Der Grund für die gesteigerte Haftung des Verklagten nach § 989 sei darin zu sehen, dass dieser nach Eintritt der Rechtshängigkeit mit der Möglichkeit der Herausgabe rechnen müsse. Dass der Verwahrer die Sache später wieder herausgeben müsse, wisse dieser bereits, wenn er diese in Besitz nehme. Denn die Sache werde von vornherein nur vorübergehend in Verwahrung genommen. Da der dem § 989 zugrundeliegende Gedanke auch hier greife, sei in diesen Fällen eine **entsprechende Anwendung der §§ 990, 989** geboten. Demnach müsste vorliegend K so wie jemand gestellt werden, der kein Recht zum Besitz hat.

2. Die Gegenansicht lehnt diesen Ansatz ab und sieht auch im Verwahrungsvertrag ein Recht zum Besitz i.S.d. § 986.[188] Auch wenn der Verwahrer grundsätzlich jederzeit bei Rückforderung die in Verwahrung genommene Sache herausgeben müsse, könne doch bis zur Geltendmachung des Rückforderungsbegehrens sein Besitz gegenüber dem Eigentümer gerechtfertigt sein. Bis zu diesem Zeitpunkt sei ein **Recht-zum-Haben** gegeben, ab diesem Zeitpunkt entfalle aber das **Recht-zum-Behalten**.

3. Da beide Ansichten insoweit zu unterschiedlichen Ergebnissen kommen, ist eine Streitentscheidung erforderlich. Zu folgen ist der letztgenannten Ansicht. Nach dem Verwahrungsvertrag ist der Verwahrer **verpflichtet**, die ihm übergebene Sache für den Hinterleger aufzubewahren. Er hat daher sogar eine Pflicht zum Fremdbesitz. Obgleich ihn der Hinterleger auf Inbesitznahme und Aufbewahrung verklagen kann, ist es nicht zwingend, ihn auf dieser Grundlage als unberechtigten Besitzer anzusehen.

Folglich hatte K ein Recht zum Besitz i.S.d. § 986, sodass eine Vindikationslage nicht bestand.

Ein Anspruch aus §§ 989, 990 Abs. 1 würde danach ausscheiden.

IV. Allerdings könnte das Recht zum Besitz aus dem Verwahrungsvertrag wieder entfallen sein, als der Angestellte A des K die Münzsammlung veräußerte. K hatte aufgrund des Verwahrungsvertrages das Recht, für F den Besitz auszuüben, also das Recht zum Fremdbesitz. Mit der Veräußerung der Münzsammlung hat A aber den Willen bekundet, über die Münzsammlung i.R.d. § 56 HGB im Namen des K verfügen zu wollen und damit Eigenbesitzerwillen nach § 872 bekundet. Diesen Eigenbesitzerwillen des A für K muss sich K nach § 56 HGB zurechnen lassen. Möglicherweise führt dieser Willenswechsel zum Wegfall des Besitzrechts und daher zum Vorliegen der

---

187 BGH LM Nr. 2 zu § 688 und Nr. 2 zu § 989.

188 Erman/Ebbing vor §§ 987–993 Rn. 28; Staudinger/Gursky § 986 Rn. 22; Bamberger/Fritzsche § 986 Rn. 8; Schreiber Jura 1992, 356, 364.

Vindikationslage, sodass ein Anspruch nach §§ 990 Abs. 1, 989 doch gegeben wäre.

Jedoch ist zu beachten, dass die **Vindikationslage** im **Zeitpunkt der Verletzungshandlung bereits bestanden** haben muss. Hier fallen aber Verletzungshandlung in Form der Weitergabe und das **Entstehen** des EBV zusammen. Erst in der Weitergabe dokumentiert sich der Willenswechsel. Selbst wenn also im Willenswechsel die Begründung einer Vindikationslage gesehen werden könnte, begründet sie im vorliegenden Fall keinen Anspruch aus §§ 990 Abs. 1, 989.

C. Anspruch aus § 823 Abs. 1

In Betracht kommt weiterhin ein Anspruch des F gegen K aus **§ 823 Abs. 1**.

I. Die Vorschriften des Deliktsrechts sind vorliegend **anwendbar**. Wie oben dargelegt, bestand die Vindikationslage zwischen F und K im Zeitpunkt der Weitergabe an H noch nicht. Die Sperrwirkung des § 993 Abs. 1 letzter Hs. kann daher nicht greifen.

II. Eine **Eigentumsverletzung** in Form des Sachentzugs ist gegeben.

III. Dadurch, dass K die Münzsammlung nicht gekennzeichnet und auch A nicht informiert hat, hat er diese Rechtsgutverletzung auch adäquat kausal, rechtswidrig und schuldhaft verursacht.

IV. Ein Schadensersatzanspruch nach § 823 Abs. 1 ist somit gegeben.

D. Anspruch aus § 831

In Betracht kommt darüber hinaus ein Schadensersatzanspruch aus **§ 831**. Auch der Anspruch aus § 831 liegt vor, da A als Verrichtungsgehilfe im Geschäft des K weisungsgebunden tätig wird. A hat im Rahmen dieses Verhältnisses eine rechtswidrige unerlaubte Handlung begangen und K hat sich bezüglich dieser Handlung nicht exkulpiert.

E. Anspruch aus § 816

F kann gegen K auch den Anspruch auf Herausgabe des erlangten Erlöses aus **§ 816 Abs. 1 S. 1** geltend machen, da die Verfügung durch den Nichtberechtigten K, der von A vertreten worden ist, wegen der Gutgläubigkeit des H nach §§ 929 S. 1, 932 Abs. 1 ihm gegenüber wirksam ist.

6. Teil Eigentümer-Besitzer-Verhältnis; §§ 987 ff.

Fall 38: Die Privilegierung nach § 991 Abs. 1

Kleingärtner F ist Eigentümer eines Gemüsegartens. Er veräußert seinen Garten an den Kleingärtner K, der seinen angrenzenden Garten vergrößern will. Erst später wird festgestellt, dass F zu diesem Zeitpunkt geschäftsunfähig gewesen ist. Der gutgläubige K verpachtet den Gemüsegarten an P, der erst nach Abschluss des Pachtvertrages, aber vor Einholung der Ernte von der damaligen Geschäftsunfähigkeit des F erfährt. P erntet das Gemüse. F verlangt von P das Grundstück und das Gemüse heraus. Zu Recht?

A. Anspruch aus § 985 bzgl. des Grundstücks

F könnte gegen P einen Anspruch auf Herausgabe des **Grundstücks** aus **§ 985** haben.

I. F ist **Eigentümer** des Grundstücks geblieben, weil die Übereignung an K nach §§ 873, 925 wegen seiner damaligen Geschäftsunfähigkeit nach §§ 104, 105 Abs. 1 unwirksam ist.

II. P ist unmittelbarer **Besitzer** des Grundstücks.

III. Mangels eines Pachtvertrages mit F steht P **kein** eigenes **Besitzrecht** nach § 986 Abs. 1 S. 1 Var. 1 gegen diesen zu. Ein von K abgeleitetes Besitzrecht nach § 986 Abs. 1 S. 1 Var. 2 scheidet ebenfalls aus, weil K selbst F gegenüber mangels wirksamen Kaufvertrags nicht besitzberechtigt ist.

IV. F hat somit gegen P einen Anspruch auf Herausgabe des Grundstücks aus § 985.

B. Anspruch aus § 987 Abs. 1 bzgl. des Gemüses

Des Weiteren könnte F gegen P einen Anspruch auf Nutzungsherausgabe hinsichtlich des Gemüses aus § 987 Abs. 1 haben.

I. Das geerntete Gemüse stellt **Früchte i.S.d. § 99 Abs. 1** und somit **Nutzungen i.S.d. § 100** des Grundstücks dar.

II. Ein **Eigentümer-Besitzer-Verhältnis** im Zeitpunkt des anspruchsbegründenden Umstands – hier der Ziehung der Nutzungen durch die Ernte des Gemüses – liegt zwischen F und P vor.

§ 987 setzt die Rechtshängigkeit einer Klage voraus.

III. Der Anspruch auf Nutzungsherausgabe nach § 987 Abs. 1 setzt den Eintritt der **Rechtshängigkeit** der Klage gegen den unrechtmäßigen Besitzer voraus. Demnach müsste dem P nach §§ 261 Abs. 1, 253 Abs. 1 ZPO eine Klageschrift zugestellt worden sein. Dieses ist hier jedoch nicht geschehen.

IV. Folglich hat F gegenüber P keinen Anspruch auf Nutzungsherausgabe hinsichtlich des Gemüses aus § 987 Abs. 1.

C. Anspruch aus § 988 bzgl. des Gemüses

§ 988 setzt einen unentgeltlichen Erwerb voraus; ob dem der rechtsgrundlose Erwerb gleichgestellt werden kann, ist streitig (vgl. dazu nächsten Fall).

Ein Anspruch auf Nutzungsherausgabe aus **§ 988** liegt ebenfalls nicht vor, da hiernach eine **unentgeltliche Besitzerlangung** gegeben sein muss, P jedoch nach §§ 585 Abs. 2, 581 Abs. 1 S. 2 aufgrund des wirksamen Pachtvertrages zur Pachtzinszahlung verpflichtet ist.

D. Anspruch aus §§ 987 Abs. 1, 990 Abs. 1 bzgl. des Gemüses

Eventuell könnte F gegen P jedoch einen Anspruch auf Herausgabe der gezogenen Nutzungen aus **§§ 987 Abs. 1, 990 Abs. 1** haben.

I. Eine **Vindikationslage** zwischen F und P im Zeitpunkt der Nutzungsziehung liegt vor.

II. Nach § 990 Abs. 1 müsste P weiterhin **bösgläubig** gewesen sein. Das setzt voraus, dass er **entweder bei Besitzerwerb** seine fehlende Besitzberechtigung positiv kannte bzw. grob fahrlässig nicht kannte (§ 990 Abs. 1 S. 1) **oder später** positive Kenntnis hiervon erlangt (§ 990 Abs. 1 S. 2). Hier war P zwar bei Besitzerwerb gutgläubig, jedoch erfuhr er später von der damaligen Geschäftsunfähigkeit des F und damit auch von der Nichtigkeit der Grundstücksveräußerung an K. P wusste daher, dass F Eigentümer geblieben war und sein Pachtvertragspartner K ihm kein Recht zum Besitz vermitteln konnte. Folglich kannte er auch seine fehlende Besitzberechtigung gegenüber F.

III. Nach Kenntnserlangung und der damit eingetretenen Bösgläubigkeit hat P das Gemüse geerntet und daher Nutzungen gezogen.
Er ist daher **grundsätzlich** F gegenüber nach §§ 987 Abs. 1, 990 Abs. 1 S. 2 zur Nutzungsherausgabe, also zur Herausgabe des geernteten Gemüses, verpflichtet.

IV. Allerdings könnte einem solchen Anspruch die Regelung des **§ 991 Abs. 1** entgegenstehen. Hiernach findet § 990 für einen Besitzer, der seinen Besitz von einem Dritten ableitet, in Ansehung der Nutzungen **nur** dann Anwendung, wenn die Voraussetzungen des § 990 auch bei diesem Dritten – dem mittelbaren Besitzer – vorliegen bzw. wenn diesem gegenüber die Rechtshängigkeit eingetreten ist.

1. Der zwischen K und P geschlossene Pachtvertrag stellt ein **Besitzmittlungsverhältnis i.S.d. § 868** dar. Aufgrund dessen ist P gegenüber K zum Besitz berechtigt. Er leitet seinen Besitz von K ab.

2. K selbst müsste **bösgläubig** gewesen sein. K war aber gutgläubig. Auch bestehen keine Anhaltspunkte dafür, dass er verklagt worden ist.

V. Folglich kann F von P wegen § 991 Abs. 1 keine Nutzungsherausgabe nach §§ 987 Abs. 1, 990 Abs. 1 S. 2 verlangen.

E. Anspruch aus § 985 bzgl. des Gemüses

Ferner besteht auch kein Anspruch des F gegen P aus **§ 985** auf Herausgabe des Gemüses.

Zwar ist rechtlich umstritten, ob F als Eigentümer des Grundstücks nach § 953 auch Eigentümer des Gemüses geworden ist.[190] Aber auch wenn man davon ausgeht, besteht der Anspruch zumindest wegen eines aus § 991 Abs. 1 abgeleiteten Rechts zum Besitz zugunsten des P i.S.d. § 986 nicht.[191]

Sinn und Zweck der Norm ist der **Schutz** des jeweiligen mittelbaren Besitzers **vor Regressansprüchen** des unmittelbaren Besitzers, der die Nutzungen an den Eigentümer herausgeben musste.[189]

Der unredliche unmittelbare Besitzer P wird hinsichtlich der Nutzungen so geschützt, als ob er selbst redlich gewesen wäre.

---

189 MüKo/Raff § 991 Rn. 2; Palandt/Herrler § 991 Rn. 2.
190 Vgl. dazu MüKo/Raff § 987 Rn. 2; a.A. Roth JuS 1997, 897, 899; Staudinger/Gursky, Vorbem. §§ 987–993 Rn. 6, die einen Eigentumserwerb trotz der Unredlichkeit nach §§ 956 Abs. 2, 955 Abs. 1 befürworten.
191 Vgl. MüKo/Raff § 987 Rn. 2; Medicus/Petersen, Bürgerliches Recht, Rn. 603 a.E.

| 6. Teil | Eigentümer-Besitzer-Verhältnis; §§ 987 ff. |

Fall 39: Rechtsgrundloser Erwerb, § 988 analog

F verkauft und übereignet an K seinen Pkw. Drei Monate später wird im Rahmen einer Inspektion festgestellt, dass der Wagen entgegen den Angaben des F einen schweren Unfall gehabt hat. K ist empört und erklärt umgehend sowohl die Anfechtung des Kaufvertrages als auch der Übereignung wegen arglistiger Täuschung. Er gibt das Kfz zurück und verlangt den von ihm gezahlten Kaufpreis. F fragt seinen Rechtsanwalt, ob er eventuell von K Nutzungsersatz für die in den drei Monaten gefahrenen Kilometer verlangen kann.

A. Anspruch aus §§ 990 Abs. 1, 987 Abs. 1

F könnte gegen K einen Anspruch auf Nutzungsersatz aus §§ 990 Abs. 1, 987 Abs. 1 haben.

I. Dann müsste zunächst im Zeitpunkt der Nutzungsziehung eine **Vindikationslage** i.S.d. §§ 985, 986 zwischen F und K vorgelegen haben.

Die ex-tunc Wirkung der Anfechtung nach § 142 Abs. 1 führt dazu, dass die dingliche Einigung von Anfang an nichtig ist.

1. Ursprünglich war F **Eigentümer** des Pkw. Das Eigentum hieran hat er aber zunächst wirksam nach § 929 S. 1 durch Einigung und Übergabe an K verloren. Allerdings hat er später, nach Kenntniserlangung von der arglistigen Täuschung des F, seine Übereignungserklärung wirksam nach § 123 Abs. 1 angefochten und damit auch die Übereignung nach § 142 Abs. 1 **rückwirkend** beseitigt. Folglich ist **F von Anfang an Eigentümer** des Autos geblieben.

2. K war **unmittelbarer Besitzer** des Pkw, § 854 Abs. 1.

3. Schließlich dürfte K kein **Recht zum Besitz nach § 986** gehabt haben. Da K den die Besitzverschaffungspflicht des F begründenden Kaufvertrag ebenfalls nach §§ 142 Abs. 1, 123 Abs. 1 rückwirkend beseitigt hat, hatte K von Anfang an auch kein Recht zum Besitz, sodass er unrechtmäßiger Besitzer war.

Eine Vindikationslage lag daher im Zeitpunkt der Nutzung des Pkw durch K vor.

Die Kenntnis der Anfechtbarkeit kann nach § 142 Abs. 2 eine Bösgläubigkeit begründen.

II. Weiterhin müsste K gemäß **§ 990 Abs. 1** hinsichtlich seiner Besitzberechtigung **bösgläubig** gewesen sein. Vorliegend hatte K im Zeitpunkt der Nutzung des Pkw aber keine Kenntnis bzw. grob fahrlässige Unkenntnis von der Unwirksamkeit des Kaufvertrages und daher auch nicht von seiner fehlenden Besitzberechtigung. Die Anfechtungserklärung durch ihn erfolgte erst nach der Nutzung des Kfz. Anhaltspunkte dafür, dass K bereits im Zeitpunkt der Nutzung die arglistige Täuschung des F und damit den Anfechtungsgrund und die Anfechtbarkeit des Rechtsgeschäfts kannte bzw. kennen musste und somit nach §§ 142 Abs. 2, 122 Abs. 2 als bösgläubig anzusehen ist, bestehen nicht. Vielmehr hat er von der Täuschung durch F erst nach der dreimonatigen Nutzung erfahren.

III. Mangels Bösgläubigkeit ist ein Anspruch aus §§ 990 Abs. 1, 987 Abs. 1 daher nicht gegeben.

114

Fall 39: Rechtsgrundloser Erwerb, § 988 analog

6. Teil

B. Anspruch aus §§ 988 i.V.m. 818 Abs. 1, 2

Möglicherweise steht F gegen K aber ein Anspruch auf Nutzungsersatz aus §§ 988 i.V.m. 818 Abs. 1, 2 zu.

I. K war **gutgläubiger Eigenbesitzer**, § 872.

II. Des Weiteren müsste er den Besitz **unentgeltlich** erlangt haben. Hier fehlt es aber an einer unentgeltlichen Besitzübertragung, da F und K einen Kaufvertrag nach § 433 geschlossen haben und K daher in Vollzug seiner vermeintlich wirksamen Leistungspflicht aus § 433 Abs. 2 den Kaufpreis an F gezahlt hat.

Ein Nutzungsersatzanspruch aus den Vorschriften zum EBV (§§ 987 ff.) liegt demnach nicht vor. Des Weiteren kommen auch keine Ansprüche aus dem Delikts- bzw. Bereicherungsrecht in Betracht, da diese wegen § 993 Abs. 1 letzter Hs. gesperrt sind.

Fraglich ist aber, ob dieses Ergebnis so bestehen bleiben kann, da es einen **Wertungswiderspruch** darstellt, wenn derjenige privilegiert wird, der eine Sache aufgrund nichtigen Kausal- und Verfügungsgeschäfts nutzt. Denn F als Eigentümer steht so schlechter da, als wenn er den Wagen wirksam an K übereignet hätte. Denn dann bestünde mangels EBV kein Konkurrenzverhältnis zu den bereicherungsrechtlichen Vorschriften, sodass ein Nutzungsersatzanspruch des F auf die §§ 812 ff. gestützt werden könnte.

Daher besteht Einigkeit, dass ein solches unbilliges Ergebnis vermieden werden muss.[192] Umstritten ist lediglich die dogmatische Vorgehensweise.

1. Einer **Ansicht** nach ist der **rechtsgrundlose Besitzerwerb dem unentgeltlichen Besitzerwerb gleichzustellen** und daher § 988 analog anzuwenden.[193] Der Grund für die Gleichstellung von unentgeltlich und rechtsgrundlos läge hierbei darin, dass die §§ 987 ff. insoweit keine abschließende Sonderregelung darstellen. Auch spreche dafür, dass bei einem nichtigen obligatorischen Rechtsgeschäft gar keine Zahlungspflicht bestehe und deswegen eine Gleichstellung des unentgeltlichen mit dem rechtsgrundlosen Erwerb gerechtfertigt sei. Danach haftet K über den Rechtsfolgenverweis[194] des § 988 analog nach dem Bereicherungsrecht. Folglich steht dem F ein Anspruch auf Nutzungsersatz nach § 988 analog i.V.m. § 818 Abs. 1, 2 zu.

Ob § 988 auf den rechtsgrundlosen Besitzer entsprechend angewandt werden kann, ist streitig.

2. Die **Gegenansicht** lehnt die Gleichstellung des rechtsgrundlosen Besitzerwerbs mit dem unentgeltlichen Erwerb ab und **wendet die bereicherungsrechtlichen Vorschriften der §§ 812 ff. unmittelbar an**.[195] Die Sperrwirkung des § 993 Abs. 1 letzter Hs. greife ausnahmsweise wegen des angeführten Wertungswiderspruchs nicht. Dafür spreche, dass die Regeln über die Leistungskondiktion auf dem Gedanken beruhen, dass fehlgeschlagene Geschäfte rückabzuwickeln seien. Das müsse aber erst recht dann gelten, wenn die Geschäfte nicht nur schuldrechtlich, sondern darüber hinaus auch dinglich fehlgeschlagen seien. Auch hiernach steht dem F gegen K ein Nutzungsersatzanspruch aus §§ 812 Abs. 1 S. 1 Var. 1, 818 Abs. 1, 2 zu.

---

192 MüKo/Raff § 988 Rn. 6 ff.; Palandt/Herrler § 988 Rn. 6 ff.
193 BGH NJW 1995, 2627, 2628.
194 Palandt/Herrler § 988 Rn. 5 m.w.N.
195 Bamberger/Fritsche § 988 Rn. 19; Schreiber Jura 1992, 533, 534.

115

6. Teil   Eigentümer-Besitzer-Verhältnis; §§ 987 ff.

Dass der Leistende weiß, dass er aufgrund der Rechtslage nichts schuldet, ist bei der Leistungskondiktion nur in den Fällen des § 812 Abs. 1 S. 1 Var. 1 und des § 813 denkbar. § 814 gilt also nicht für alle Leistungskondiktionen.[196]

Dieser Anspruch könnte jedoch **gemäß § 814 ausgeschlossen** sein. Dann müsste F gewusst haben, dass er gegenüber K nicht zur Leistung verpflichtet gewesen war. Das ist hier fraglich, da bis zur Anfechtung durch K ein wirksamer Kaufvertrag bestand, aufgrund dessen F zur Leistung verpflichtet war. Allerdings kannte F die das Anfechtungsrecht des K begründenden Umstände der arglistigen Täuschung. Die Kenntnis der Anfechtbarkeit wird nach **§ 142 Abs. 2** der Kenntnis der Nichtigkeit eines Rechtsgeschäfts gleichgestellt. Das bedeutet, dass F demnach so behandelt wird, als ob er die Nichtigkeit des Kaufvertrages kannte und damit auch seine nicht bestehende Leistungspflicht kannte. Mithin ist der Anspruch aus §§ 812 Abs. 1 S. 1 Var. 1, 818 Abs. 1, 2 auf Nutzungsersatz wegen § 814 ausgeschlossen ist.

3. Da beide Ansichten zu unterschiedlichen Ergebnissen kommen, ist eine **Streitentscheidung** erforderlich. **Der zweiten Ansicht ist zu folgen**, da der arglistig Täuschende, der sich bewusst und willentlich gegen die Rechtsordnung stellt, nicht schutzwürdig ist und daher auch nicht mit Nutzungsersatz über § 988 analog „belohnt" werden sollte. Denn bei einer Rechtsfolgenverweisung, wie der des § 988 (analog), ist die rechtshindernde Einwendung des § 814 nicht zu prüfen.

III. Es besteht somit kein Nutzungsersatzanspruch aus §§ 988 i.V.m. 818 Abs. 1, 2.

---

196   Palandt/Sprau § 814 Rn. 2; Jauernig/Stadler § 814 Rn. 2.

Fall 40: Verwendungsersatz; Sperrwirkung der §§ 994 ff.

6. Teil

Fall 40: Verwendungsersatz; Sperrwirkung der §§ 994 ff.

F verkauft an K sein mit einer Prachtvilla bebautes Grundstück im Nobel-
viertel „Memo". K lässt auf dem Grundstück einen Springbrunnen für
80.000 € errichten. Später stellt sich heraus, dass F zur Zeit der Veräußerung unbekannt geschäftsunfähig war. Als er wieder im Vollbesitz seiner
geistigen Kräfte ist, verlangt er das Grundstück zurück. K weigert sich
und verweist auf die von ihm getätigten Aufwendungen. Er beruft sich
auf ein Zurückbehaltungsrecht. F entgegnet, dass die objektive Wertsteigerung lediglich 30.000 € betrage.

Rechtslage?

F könnte gegen K einen Anspruch auf Herausgabe des Grundstücks inkl.
des Brunnens aus **§ 985** haben.

Dann müsste F Eigentümer und K besitzrechtsloser Besitzer des Grundstücks sein.

I. Eigentümer des Grundstücks ist F. Die Veräußerung an K ist wegen seiner damaligen Geschäftsunfähigkeit nach §§ 104, 105 Abs. 1 nichtig. Damit
ist er gemäß §§ 946, 93, 94 auch Eigentümer des Springbrunnens geworden, weil dieser ein wesentlicher Bestandteil des Grundstücks ist.

II. K ist unmittelbarer **Besitzer** des Grundstücks, § 854 Abs. 1.

III. Des Weiteren dürfte K kein **Recht zum Besitz** haben. Durch die Errichtung des Springbrunnens hat K Aufwendungen getätigt, die ein Zurückbehaltungsrecht nach § 1000 bzw. § 273 begründen könnten. Unabhängig
davon, ob die Voraussetzungen dieser Vorschriften gegeben sind, gibt ein
solches Zurückbehaltungsrecht aber kein Recht zum Besitz i.S.d. § 986. Ein
solches Recht begründet lediglich ein selbständiges Gegenrecht, das zum
„Haben" berechtigt, aber nicht zum „Behalten".[197]

> Ein Zurückbehaltungs-
> recht gibt nach h.M kein
> Recht zum Besitz i.S.d.
> § 986; vielmehr kann dies
> nur der Durchsetzung des
> Herausgabeanspruchs
> entgegenstehen.

Ein Recht zum Besitz steht K demnach nicht zu, sodass der **Anspruch aus
§ 985 entstanden** ist.

Der **Anspruch** ist auch **nicht untergegangen**; rechtsvernichtende Einwendungen sind nicht ersichtlich.

Fraglich ist jedoch, ob der **Durchsetzbarkeit des Anspruchs** rechtshem-
mende Einwendungen, sog. Einreden, entgegenstehen.

IV. Der Durchsetzbarkeit könnte ein **Zurückbehaltungsrecht gemäß
§ 1000** entgegenstehen. Das ist dann der Fall, wenn K gegen F einen Verwendungsersatzanspruch nach § 994 Abs. 1 bzw. § 996 hat.

> § 1000 ist neben § 273
> Abs. 2 nötig, weil der Ver-
> wendungsersatzan-
> spruch vor Herausgabe
> der Sache erst bei Geneh-
> migung der Verwendung
> i.S.v. § 273 Abs. 2 fällig
> wird, vgl. § 1001.

1. Im Zeitpunkt des anspruchsbegründenden Umstands, hier der Errichtung
des Springbrunnens, bestand eine **Vindikationslage** zwischen F und K.

2. K war auch **gutgläubig**, weil er die Geschäftsunfähigkeit des F nicht erkennen konnte und daher auch keine Kenntnis hinsichtlich der Nichtigkeit
des Kaufvertrags als Recht zum Besitz hatte.

3. Weiterhin müsste es sich bei der Errichtung des Springbrunnens um eine
Verwendung i.S.d. §§ 994 ff. handeln. Ob alle Maßnahmen, die der Sache

> Der Umfang des Verwen-
> dungsbegriffs ist umstrit-
> ten.

---

197 Vgl. MüKo/Baldus § 986 Rn. 45; Palandt/Herrler § 986 Rn. 5.

117

irgendwie zugutekommen, vom Verwendungsbegriff umfasst werden, ist umstritten.

a) Einer Ansicht nach, die insbesondere von der Rspr. favorisiert wird, gilt der **„enge Verwendungsbegriff"**. Hiernach sind Verwendungen alle Maßnahmen, die darauf abzielen, den Bestand der Sache zu erhalten, wiederherzustellen oder zu verbessern, ohne die Sache dabei grundlegend zu verändern oder umzugestalten.[198] Dafür spreche, dass Aufwendungen, die zu einer Umgestaltung der Sache führen, schon nach dem Sprachgebrauch von dem Begriff der Verwendung nicht erfasst seien.[199] Insbesondere soll der Eigentümer vor besonders kostenintensiven Aufwendungen, die zu übermäßigen Ersatzforderungen führen könnten, geschützt werden. Nach dem engen Verwendungsbegriff ist die Errichtung eines Springbrunnens keine Verwendung, da das Grundstück auf dem Teil, wo der Brunnen errichtet worden ist, nicht erhalten bleibt, sondern grundlegend verändert worden ist.

b) Eine andere Ansicht fasst demgegenüber den Verwendungsbegriff weiter. Hiernach sind alle Vermögensaufwendungen, die der Sache zugutekommen, Verwendungen im Sinne der §§ 994 ff. Dies gilt auch dann, wenn die Sache grundlegend verändert oder umgestaltet wird (**„weiter Verwendungsbegriff"**).[200] Sinn und Zweck der §§ 994 ff. sei es, einen angemessenen Ausgleich zwischen Eigentümer und Besitzer zu schaffen. Selbst dem gutgläubigen, unverklagten Besitzer bliebe sonst nur das Wegnahmerecht des § 997 Abs. 1. Vor aufgedrängten Bereicherungen könne sich der Eigentümer nach § 1001 schützen. Der enge Verwendungsbegriff bevorzuge den Eigentümer unangemessen. Da es sich bei der Errichtung des Brunnens um eine Vermögensaufwendung handelt, die der Sache zugutekommt, würde man nach dem weiten Verwendungsbegriff hier eine Verwendung annehmen.

c) Die Ansichten kommen zu unterschiedlichen Ergebnissen, sodass eine Streitentscheidung erforderlich ist. Der zweiten Ansicht ist zu folgen.
Für eine Einschränkung des Verwendungsbegriffs gibt es keinen Grund, da die Regeln über das Eigentümer-Besitzer-Verhältnis dem vollumfänglichen Schutz des gutgläubigen unrechtmäßigen Besitzers dienen, und der Eigentümer selbst die Zerstörung der Sache durch den gutgläubigen Besitzer ersatzlos hinnehmen muss.

d) Ferner müsste es sich hier um eine **notwendige oder nützliche Verwendung** handelt.

aa) Ein Verwendungsersatzanspruch nach **§ 994** setzt voraus, dass es sich hierbei um **notwendige Verwendungen** handelt. Notwendige Verwendungen sind die vermögenswerten Aufwendungen, die bei vernünftiger, wirtschaftlicher Betrachtungsweise – also objektiv – erforderlich sind, um die Sache in ihrem wirtschaftlichen Bestand einschließlich ihrer Nutzungsmöglichkeiten zu sichern. Die Verwendungen für die Errichtung eines Springbrunnens sind demnach nicht notwendig, da sie nicht dem Erhalt der bisherigen Nutzungsmöglichkeit des Grundstücks dienen.

---

198 BGH WM 1996, 599, 600; Palandt/Herrler § 994 Rn. 2.
199 BGHZ 41, 157, 160.
200 Staudinger/Gursky Vorbem. zu §§ 994–1003 Rn. 5 f.; Roth JuS 1997, 1087, 1089; Bamberger/Fritzsche § 994 Rn. 21.

bb) In Betracht kommt daher ein Verwendungsersatzanspruch nach **§ 996**, der das Vorliegen von **nützlichen Verwendungen** voraussetzt. Das sind alle Vermögensaufwendungen auf eine Sache, die deren Wert steigern und bzw. oder die Gebrauchsfähigkeit erhöhen. Da durch die Errichtung des Brunnens der Wert des Grundstücks objektiv um 30.000 € erhöht wurde, handelt es sich hierbei um nützliche Verwendungen. Der Verwendungsersatzanspruch aus § 996 ist hierbei auf die Höhe der objektiven Wertsteigerung i.H.v. 30.000 € beschränkt.

Es ist somit eine nützliche Verwendung i.S.d. § 996 gegeben.

4. Somit steht K ein Zurückbehaltungsrecht aus § 1000 zu.

V. Daneben kommt noch ein **Zurückbehaltungsrecht nach § 273 Abs. 2** für den Fall in Betracht, dass K gegen F ein Anspruch auf Ersatz der Kosten für die Errichtung des Brunnens aus §§ 951 i.V.m. 812 zusteht.

> Die Anwendbarkeit der §§ 951, 812 bei Vorliegen einer Vindikationslage ist umstritten.

Umstritten ist jedoch, **ob auch bei bestehender Vindikationslage (EBV) die §§ 951, 812 anwendbar sind.**

1. Einer Ansicht nach sind §§ 951, 812 auch bei einem EBV anwendbar. Es sei nicht gerechtfertigt, den unrechtmäßigen Besitzer, der Verwendungen tätigt, schlechter zu stellen als den nicht besitzenden Verwender. Das ergebe sich auch aus § 951 Abs. 2, wonach die Vorschriften über den Verwendungsersatz unberührt bleiben. Hiernach hätte K gegen F auch ein Zurückbehaltungsrecht aus §§ 273 Abs. 2, 951, 812.

2. Nach der Gegenansicht – die den engen Verwendungsbegriff zugrunde legt – sind die §§ 994 ff. eine abschließende Sonderregelung, die eine Anwendung der §§ 951, 812 ausschließen.[201] Ein Rückgriff auf das Bereicherungsrecht sei auch dann ausgeschlossen, wenn es um Aufwendungen gehe, die nach dem engen Verwendungsbegriff keine Verwendungen seien, da die §§ 994 ff. auch insoweit eine „quasi-negative" Regelung enthielten. Dadurch solle verhindert werden, dass die in §§ 994 ff. angelegte differenzierte Lösung umgangen wird, da die §§ 812 ff. gerade nicht nach Gut- und Bösgläubigkeit bzw. nach objektiver Notwendigkeit oder Nützlichkeit der Maßnahmen unterscheiden. Hiernach hätte K kein Zurückbehaltungsrecht nach §§ 273 Abs. 2, 951, 812.

> **Beachte:** Nach der Rspr. hätte K keine Ausgleichsansprüche, die er im Rahmen eines Zurückbehaltungsrechts geltend machen könnte.

3. Die Ansichten kommen zu unterschiedlichen Ergebnissen, sodass eine Streitentscheidung erforderlich ist. Der zweiten Ansicht ist zu folgen. Hierfür spricht neben dem Wortlaut des § 996 („nur insoweit") auch die Erwägung, dass der Rückgriff auf §§ 951, 812 das differenzierte Ersatzsystem des § 994 Abs. 1 bzw. des § 996 unterlaufen würde.

Somit besteht kein Zurückbehaltungsrecht nach §§ 273 Abs. 2, 951, 812. Gleichwohl ist der Anspruch des F aufgrund des Zurückbehaltungsrechts aus § 1000 noch nicht durchsetzbar.

> Der Anspruch des K gegen F aus § 996 i.H.v. 30.000 €, welcher ein Zurückbehaltungsrecht nach § 1000 gewährt, führt zu einer Zug-um-Zug-Verurteilung nach § 274.[202]

VI. Folglich hat F gegenüber K einen Anspruch auf Herausgabe des Grundstücks inkl. des Brunnens aus § 985 Zug-um-Zug (§ 274) gegen Zahlung von 30.000 €.

---

201 BGH NJW 1996, 52; OLG Stuttgart NJW-RR 1998, 1171; Roth JuS 1997, 1087, 1089, 1090.
202 Palandt/Herrler § 1000 Rn. 2; Jauernig/Berger § 1000 Rn. 2.

STICHWORTVERZEICHNIS

Die Zahlen verweisen auf die Seiten.

Abhandenkommen 57
Absolutes Verfügungsverbot 25
Abstraktionsprinzip 1, 3
Abtretung des Herausgabe-
  anspruchs 33
Anfechtung 1, 3
Antizipierte Einigung 17

Bargeschäft des täglichen Lebens 13
Berechtigung 8
Besitz, mittelbarer 18
Besitz, unmittelbarer 27
Besitzdiener 27
Besitzkonstitut 29, 31
Besitzmittlungsverhältnis 14, 31, 65
Besitzmittlungsverhältnis,
  gesetzliches 31
Besitzrecht, abgeleitetes 68
Besitzrecht, eigenes 68, 69
Besitzverschaffungsmacht 44
Bestandteile 94
Bestimmtheitsgrundsatz 6, 7
Bindungswirkung 9
Bösgläubigkeit 96, 100, 102
Bösgläubigkeit Dritter 99

Cloud 93

Deliktischer Besitzer 97
Doppelirrtum 4
Drittwiderspruchsklage 31

Eigentümer-Besitzer-Verhältnis (EBV) 96
Eigentumsvorbehalt 40
Einheitsflasche 62
Einigung 1, 7
Enger Verwendungsbegriff 118
Erbschein 51
Erlösansprüche 103
Ersterwerb des Anwartschaftsrechts 67, 74
Erweiterter Gutglaubenserwerb 60
Erzeugnisse 94

Fahrnisverbindung 85
Fehleridentität 2
Fehleridentitätslehre 20

Fräsmaschinenfall 48
Fremdbesitzerexzess 105

Geheißerwerb 17, 18
Geheißperson 18, 44
Geschäft für den, den es angeht 13
Gutgläubigkeit 54, 60

Hersteller 89

In fremden Namen 12
Insolvenzverfahren 24
Insolvenzverwalter 24, 72

Klage auf vorzugsweise Befriedigung 76

Leistungskondiktion 47

Mängelgewährleistung 4
Mehrwegflasche 63
Mittelbarer Besitz 14

Nebenbesitzer 50
Nichtleistungskondiktion 47
Notwendige Verwendungen 118
Nützliche Verwendungen 119
Nutzungsherausgabe 112

Offenkundigkeitsprinzip 13

Pfandflasche 62
Pfandrecht 76

Recht zum Besitz 68, 106
Rechtsgeschäft 40
Rechtsgrundloser Besitzerwerb 115
Rechtsgrundloser Erwerb 114
Rechtsgrundverweis 83
Rechtsschein des Besitzes 46
Recht-zum-Behalten 110
Recht-zum-Haben 110
Relatives Verfügungsverbot 25

Sachenrechtlicher Publizitäts-
  grundsatz 18
Sachherrschaft, tatsächliche 10

121

Stichworte

Scheinbestandteil 82
Scheingeheißerwerb 43
Scheingeheißperson 45
Sicherungseigentum 76
Sicherungsvertrag 48
Speichermedium 91
Sperrwirkung 97, 103, 117
Stellvertretung 12, 37
Stellvertretung beim Eigentums-
   erwerb 12
Streckengeschäft 17

Tonband 91
Trennungsprinzip 1

Übereignung kurzer Hand 26
Übergabe 10, 15, 21
Übergabesurrogat 29, 31, 48
Unentgeltlicher Besitzerwerb 115
Unmittelbarer Besitz 10
Unmittelbarer Besitzer 3
Unmöglichkeit 21
Urheberrecht 93

Verarbeitung 89, 91
Verarbeitungswert 89
Verbindung 81
Verfügung 6
Verfügungsbefugnis 24
Verfügungsgeschäft 1, 2
Verkehrsgeschäft 41
Verlängerter Eigentumsvorbehalt 68
Vermengung 87
Vermieterpfandrecht 76
Vermischung 87
Verpflichtungsgeschäft 1, 2
Verwendungsersatz 117
Vindikationslage 96
Vorausabtretung 69
Vorenthaltungsschaden 99

Weisung 18
Weiter Verwendungsbegriff 118

Zurechnung 100
Zurückbehaltungsrecht 117
Zweiterwerb des Anwartschaftsrecht 78